혼돈의 시대가 낳은 풍운아
# 김옥균

**일러두기**
이 책에 사용된 사진은 저작권자에게 허락을 받아 게재했습니다. 저작권자와 초상권자를 찾지 못한 사진은
연락 주시면 확인되는 대로 허락받겠습니다.

아이세움 역사 인물 16

## 김옥균 혼돈의 시대가 낳은 풍운아

**지은이** 차익종 | **그린이** 김창희

**기획** (주)감꽃미디어 | **책임편집** 최동옥, 서경석 | **디자인** AGI Society 이인영, 김나영 | **사진진행** 시몽포토에이전시
**찍은날** 2011년 6월 10일 초판 1쇄 | **펴낸날** 2011년 6월 15일 초판 1쇄
**펴낸이** 김영진 | **본부장** 김군호 | **개발팀장** 박철주 | **편집** 장미옥, 허지연, 권은경
**디자인** 김희정, 강효진 | **홍보** 황영아, 김정아, 박민수
**펴낸곳** (주)미래엔 | **등록** 1950년 11월 1일 제16-67호 | **주소** 서울 서초구 잠원동 41-10
**전화** 마케팅 3475-3843, 3844 편집 3475-3947 팩스 541-8259 | **홈페이지 주소** http://www.i-seum.com

ⓒ 차익종, (주)감꽃미디어 2011

ISBN 978-89-378-4644-1 74990
ISBN 978-89-378-4190-3 (세트)

값 9,500원

이 도서의 국립중앙도서관 출판시도서목록(CIP)은 e-CIP 홈페이지(http://www.nl.go.kr/ecip)에서
이용하실 수 있습니다. (CIP제어번호 : CIP2011002104)

혼돈의 시대가 낳은 풍운아

# 김옥균

차익종 지음 | 김창희 그림

아이세움

# 차 례

1. 연경당에서 헤어지다      7
2. 세도가의 양자로 들어가다      11
3. 강릉에서 성리학을 공부하다      23
4. 새로운 벗, 새로운 세상      41
5. 개화파를 만들다      53
6. 실무를 맡아 개화 정책을 펴다      65
7. 아시아의 프랑스를 꿈꾸다      83

8. 시간은 기다려 주지 않는다　　103

9. 3일 동안 새 나라를 꿈꾸다　　127

10. 상하이에서 스러지다　　159

연표　　166

용어 설명　　172

찾아보기　　179

# 1
# 연경당에서 헤어지다

멀리서 콩 볶는 듯한 소리가 들려왔다. 청나라 군사들이 개화를 위해 일어선 조선의 젊은이들을 쏘아 죽이는 총소리였다. 하늘은 저녁노을로 붉게 타올랐고, 창덕궁 땅은 젊은이들의 피로 붉게 물들었다.

연경당 앞에 멈춰 선 어가 행렬 쪽으로도 총알이 날아오기 시작했다. 더 이상 임금을 위험에 빠뜨릴 수는 없었다. 이제는 헤어져야 할 시간이다.

"나는 주상 전하의 어가를 지키겠소."

홍영식이 나직한 목소리로 뜻을 밝히자, 김옥균이 화들짝 놀

---

1884년 12월 6일, 갑신정변이 청나라 군사의 개입으로 실패하자, 김옥균, 박영효, 서광범, 서재필 등은 연경당에서 고종과 홍영식, 박영교 등과 헤어졌다. 〈동궐도〉의 연경당 부근으로, 붉은 담장으로 둘러싸인 건물이 연경당인데, 창덕궁 금원 안에 있는 조선 후기의 저택이다.

라 말했다.

"청나라 군사들과 민씨 일족에게 처참한 죽임을 당할 게 불 보듯 뻔한데, 어찌 스스로 죽음의 나락으로 걸어가려 하오."

"누군가는 주상 전하를 위해 목숨을 바쳐야 한다오. 아무도 목숨을 바치려 하지 않는다면, 주상 전하께서 얼마나 섭섭해하시겠소."

홍영식을 바라보는 김옥균의 두 눈에 눈물이 가득 고였다.

"나도 홍 공과 함께 하리다."

박영교가 홍영식의 두 손을 잡으며 말했다.

"형님, 아니 되오. 저와 함께 갑시다."

동생 박영효가 박영교의 팔을 잡아끌며 울음을 터뜨렸다.

"아니다. 멀고도 먼 길을 어찌 홍 공 혼자 보내느냐. 외롭지 않게 나라도 함께 가야지."

"저희도 함께 하겠습니다."

신복모 등 일곱 명의 사관학교 출신 청년들도 뒤를 따랐다.

경기도 관찰사 심상훈이 김옥균 일행을 곱지 않은 눈으로 쳐다보며 재촉했다.

"위험하니 당장 출발해야겠소. 서두르시오."

어가 행렬이 북문을 향해 움직이기 시작했다.

"홍 공, 박 공! 죽어서나 만납시다."

김옥균이 울음 섞인 목소리로 외쳤다.

"김 공! 이제 새 조선은 김 공에게 달렸소. 부탁하오!"

고종을 태운 어가 행렬이 멀어져 갔다.

"일본 공사관에 들렀다 인천으로 갑니다. 서두릅시다."

다케조에 일본 공사가 김옥균의 어깨를 두드리며 재촉했다. 슬픔과 분노를 잊으려는 듯 김옥균 일행의 발걸음이 갈수록 빨라졌다.

어느덧 날이 어두워졌다. 횃불이 하나 둘 늘어나기 시작했다. 횃불의 움직임이 점점 빨라졌다. 그리고 어느 순간 쏜살같이 멀어져 갔다. 조선의 자주 근대화와 독립 국가를 향한 김옥균과 개화파의 꿈도 횃불과 함께 사라졌다.

조국 산천을 떠나야 하는 김옥균과 개화파 인사들의 운명은, 조선의 앞날은 어찌 될지, 한 치 앞도 내다보기 어려웠다.

# 2
# 세도가의 양자로 들어가다

1851년(철종 2) 1월 23일, 충청도 공주군 정안면 광정.

어두컴컴한 마당에 한 사내가 우두커니 서 있었다. 매서운 바람이 온몸을 휘감았지만, 사내는 꼼짝도 하지 않고 안방을 쳐다보았다.

"응애, 응애."

갑자기 아이 울음이 들려왔다. 사내는 그제야 살을 에는 칼바람을 느꼈는지 온몸을 부르르 떨었다. 나이 든 아낙네가 대야를 들고 안방에서 나왔다. 아낙네는 사내에게 웃음 띤 얼굴로 말을 건넸다.

---

김옥균은 1851년 1월 23일, 충청도 공주군 정안면 광정에서 안동 김씨 김병태와 은진 송씨의 장남으로 태어났다. 김병태는 시골의 양반 후예로, 겨우 생활을 꾸려 갔다. 김옥균은 여섯 살 때인 1856년, 세도가인 안동 김씨, 김병기의 양자로 들어가 서울에서 생활했다.

"아들입니다, 나리."

사내의 얼굴에 미소가 맴돌았다. 아낙네가 사내의 얼굴을 유심히 쳐다보자, 사내는 쑥스러운지 헛기침을 하고는 사랑방으로 들어갔다.

이튿날, 사내는 부스스한 얼굴로 안방으로 건너갔다. 아이 이름을 짓는다며 옥편을 뒤지느라 밤을 꼬박 새웠지만, 도통 이름이 떠오르지 않았다.

아이를 품고 누워 있던 아내가 몸을 일으켰다.

"힘들 텐데 그냥 누워 있으시오, 부인."

아내는 말없이 아이를 안아 사내에게 건넸다. 사내는 조심스럽게 아이를 안았다. 아이는 자다가 깼는지 하품을 했다. 아이의 얼굴이 유난히 희고 고와 백옥을 보는 듯했다.

"누구를 닮아 이리 백옥같이 고울꼬."

순간 아이의 이름이 떠올랐다. 사내는 '구슬 옥' 자를 넣어 옥균이라고 이름을 지었다.

사내는 김옥균의 아버지인 김병태였다. 김병태의 본관은 안동이었다. 당시 안동 김씨는 세도 정치를 이끌며 천하를 호령했다. 가까운 친척인 김좌근, 김현근, 김영근, 김대근, 김병기, 김병필, 김병주, 김병국, 김병학 등이 정승과 판서를 비롯해 벼슬의 노른자위를 독차지하고 나라를 쥐락펴락했다.

선비들에게 돈을 받고 과거 성적을 조작했고, 지방과 중앙의

## 세도 정치

19세기 초에 즉위한 순조·헌종·철종은 모두 나이가 어려, 외척인 안동 김씨나 풍양 조씨가 나랏일을 도맡아 처리했다. 이처럼 왕실의 친척 가문이 권력을 독차지하고 나라를 쥐고 흔드는 것을 세도 정치라고 한다.

1805년, 어린 순조를 대신해 수렴청정하던 정순 대비 김씨가 죽자, 순조의 장인인 안동 김씨 김조순은 왕비의 아버지라는 지위를 이용해 권력을 독차지했다. 그 뒤에도 풍양 조씨와 안동 김씨가 번갈아 가며 세도 정치를 이어 갔다.

세도 정치기에는 세도 가문과 손잡은 나주 박씨, 남양 홍씨, 대구 서씨, 동래 정씨 등 몇몇 가문만 고위직에 올랐다. 중앙의 하위직이나 지방 관직도 이들 가문에 뇌물을 준 자들이 차지했다. 감사 자리는 5만~6만 냥, 고을 수령 자리는 2만~3만 냥 하는 식으로 자리 값이 매겨져 있을 정도였다. 매관매직은 탐관오리들을 양산했고, 부정부패로 이어져, 백성들의 부담은 갈수록 무거워졌다.

60여 년간 이어진 세도 정치는 1862년, 전국을 휩쓴 농민 항쟁과 1863년, 흥선 대원군의 집권으로 끝이 났다.

**김조순은 순조의 장인으로 제1차 안동 김씨 세도 정치를 열었다.**

벼슬자리를 마구 팔아 치웠다. 현감은 얼마, 부사는 얼마, 감사는 얼마 하며 자리 값이 정해져 있을 정도였다. 또 장사치들의 뒷배를 봐주고 뇌물을 받았다. 돈으로 벼슬을 산 벼슬아치들은 본전 생각이 나서 백성의 피와 땀을 쥐어짰다. 뇌물을 준 장사치들은 매점매석으로 물건 값을 멋대로 올려 큰 이익을 보았다. 나라의 기강이 무너졌고, 백성은 굶주림에 허덕였다.

김병태는 나라를 위기로 내몰고 백성을 도탄에 빠뜨리는 가문이 부끄러웠다. 혼자라도 가문이 나라와 백성에게 지은 죄를 씻고 싶었다. 친척들처럼 염치없이 살기는 싫었다.

과거에 장원 급제해 높은 벼슬에 오르는 것은 이제 더 이상 선비가 가야 할 길이 아니었다. 그 길은 나라에 충성하고 백성을 보살피는 영예로운 길이 아니라, 저 혼자 잘 먹고 잘 살자고 나라와 백성을 위기로 내모는, 죄업을 쌓는 길이었다. 김병태는 어려서부터 품은 과거와 벼슬길에 대한 꿈을 미련 없이 접었다.

하지만 누구도 김병태의 마음을 알아주지 않았다. 부모는 화병으로 드러누웠고, 집안 어른들은 미친놈이라며 손가락질했다. 그런 김병태를 말없이 믿고 지지해 준 이가 아내 송씨였다. 아내의 집안은 공주와 논산의 유력 가문으로, 송시열과 송준길을 배출한 노론 최고의 명문가였다.

하지만 언제까지 처가의 도움을 받으며 글공부만 할 수는 없었다. 김병태는 더 이상 처가 눈치를 보고 싶지 않았다. 결국 김병태는 1853년, 처가가 있는 공주를 떠나 천안군 원대리로 이사했다. 김옥균이 세 살 때였다.

김병태는 가장으로 아내와 아이를 먹여 살려야 했다. 배운 게 도둑질이라고, 김병태는 서당

김옥균의 외가인 은진 송씨 가문은 송시열을 배출한 노론의 최고 가문이었다. 하지만 당시에는 세도 정치 가문들에 밀려 공주와 논산에서만 그 세를 유지했다. 17세기에 노론을 이끈 송시열의 초상이다.

을 차리고 아이들을 가르쳤다. 천안은 한양과 하삼도를 잇는 교통의 요충지라 부자들이 많이 살았다. 김병태의 학문 덕인지, 안동 김씨라는 소문이 돈 덕인지 서당은 아이들로 북적거렸다. 집안 살림도 갈수록 나아졌다.

김옥균은 네 살 때인 1854년부터 아버지 김병태에게 《천자문》을 배웠다. 어찌나 빨리 글을 깨쳤는지, 동네 사람들은 신동

이 났다며 김옥균을 부러워했다. 얼마 뒤, 김병태는 김옥균에게 《동몽선습》과 《격몽요결》을 가르쳤다. 김병태가 보기에 김옥균은 하늘이 내린 천재였다. 김병태는 아비가 되어, 아들의 재능을 제대로 살려 주지 못하는 자신이 원망스러웠다.

어느덧 김옥균이 여섯 살이 되었다. 마침 그날도 김옥균은 사랑방에서 아버지의 가르침을 받고 있었다.

"이리 오너라!"

갑자기 부르는 소리가 들렸다.

김병태가 문을 열어 보니, 버선발로 뛰어나가 마당을 가로질렀다.

"병기 형님 아니시오. 나랏일로 바쁜 양반이 여기까지 어인 걸음이시오."

김병태를 찾아온 사람은 김병기였다. 김병기는 영의정 김좌근의 아들로, 김병태와는 재종형제 간이었다. 1847년(헌종 13)에 문과에 급제한 뒤 대사성, 이조참의, 예조참판, 대사헌, 평안 감사, 훈련대장, 호조판서를 두루 거친 실세 중의 실세였다.

김병태는 김병기를 사랑방으로 들였다.

"병태, 자네에게 긴히 부탁할 일이 있어 찾아왔네."

"무슨 일입니까?"

"방금 그 아이가 옥균이지? 듣던 대로 잘 생겼더군."

느닷없는 자식 칭찬에 김병태는 기분이 좋아 미소를 지었다. 하지만 이어지는 김병기의 이야기에 삽시에 얼굴이 돌덩이처럼 굳어졌다.

"우리 집이 손이 귀하다는 것은 자네도 알고 있지 않나. 옥균이를 내게 주게."

김병기의 나이, 서른아홉이었다. 스무 해 남짓 아이를 가지려고 온갖 정성을 기울였지만, 도통 아이를 보지 못했다. 결국 부부는 아이를 보겠다는 꿈을 접을 수밖에 없었다. 이제 대를 잇는 방법은 단 하나, 문중에서 아이를 골라 양자를 들이는 수밖에 없었다.

김병기는 안동 김씨 자손 중에서 똑똑한 아이들을 수소문했고, 고르고 고른 아이가 바로 김옥균이었다.

"형님 제정신이오? 우리 부부 사이에 아이가 여럿 있는 것도 아니고, 옥균이 딱 하나요. 아이 하나 달랑 있는 집에 와서 양자로 달라는 게 말이 되오?"

"아이야 또 낳으면 되지. 자네 부부는 젊지 않나."

김병태는 기가 막혔다.

"되도 않는 헛소리를 하려면 썩 나가시오."

김병기는 김병태의 호통도 아랑곳하지 않고 말했다.

"자네가 과거도, 벼슬도 마다하는 것은 잘 알고 있네. 그 까닭이 우리 가문을 고깝게 여기기 때문이라는 것도 알아. 하지만 옥균이는 어쩔 셈인가. 자네의 알량한 양심을 지키겠다고 옥균이의 천재적 재능을 썩힐 셈인가?"

아들의 앞길을 가로막는 아버지는 되고 싶지 않았다.

"옥균이를 나라의 대들보로 키워야 하지 않겠나."

아들의 미래는 자신이 아니라, 아들 스스로 정하는 게 옳았다. 김병태는 갑자기 숨이 막혀 왔다.

"우리 집안에서 옥균이를 번듯한 선비로 키워 낼 사람이 나 말고 누가 있겠나. 병학이? 병국이? 턱도 없는 소리야. 그네들은 능력도 없으면서 욕심만 많은 소인배들이야. 난 달라. 적어도 염치가 무엇인지는 안다네."

맞는 말이긴 했다. 안동 김씨 중에서 정신이 똑바로 박힌 사람을 하나만 꼽으라면 김병기밖에 없었다.

"아내와 이야기해 보겠소. 기대는 마시오."

"고맙네, 고마워."

김병기는 김병태의 두 손을 꼭 잡고 거듭 고맙다는 말을 전했다.

김병태는 사랑방을 나와 부엌으로 건너갔다. 아내는 동네 아낙들과 김병기 일행을 대접할 음식을 만드느라 손발을 재게 놀리고 있었다. 김병태는 손짓을 해 아내를 불러냈다.

"병기 형님이 옥균이를 양자로 달라고 합디다."

아내의 얼굴이 화석처럼 굳어졌다.

"안 됩니다."

아내가 손사래를 치며 단호한 어조로 말했다.

"내 배 아파 가며 낳은 아이입니다. 누구 맘대로 양자를 보냅니까."

"옥균이의 장래를 생각하면 양자로 보내는 게 옳아요, 부인."

"안동 김씨만 옥균이를 키워 줄 수 있답니까. 은진 송씨도 그

> 김병학은 안동 김씨 세도를 발판으로 대사헌과 판서를 두루 거쳤다. 또 고종 즉위에 은밀하게 힘을 썼고, 흥선 대원군과 친분이 있어서 대원군 집권 후에도 이조판서, 좌의정, 영의정을 지냈다. 보수적인 척사론자로, 병자수호조약 체결을 반대했다. 김병국은 김병학의 동생으로 대사성과 판서를 두루 거쳤는데, 대원군 집권 후에도 영건도감제조로 경복궁 중건을 책임지는 한편, 우의정, 영의정을 지냈다. 병자수호조약 체결에 중도적인 입장을 취했으며, 문호 개방 후에는 미국과의 수교를 찬성하는 등 정부의 개화 정책 추진에 찬성했다.

만한 힘은 있습니다."

"큰 고기는 큰물에서 노는 법이오. 옥균이의 재능을 제대로 키워 주려면 병기 형님네만한 곳도 없어요."

말로는 남편을 당해 낼 재간이 없었다. 남편이 밉고, 원망스러웠다. 억울했다. 눈물이 폭포처럼 흘러내렸다.

김병태는 아내의 눈물에 마음이 몹시 어지러웠다. 하지만 오롯이 김옥균의 장래만 생각하고 입술을 힘껏 깨물었다.

해가 저물었다. 김병태네 집은 실세 중의 실세인 김병기의 도포 끝자락이라도 보려고 온 사람들로 북적였다. 고을 원과 향청 유지, 퇴직 관리 들이 하나도 빠짐없이 모여들었다. 김옥균도 대청마루로 불려 나가 사람들에게 인사를 올렸다.

"네가 신동으로 소문난 옥균이구나. 좋은 글귀를 지으면 큰 상을 내리마."

고을 원이 김병태 옆에 무릎 꿇고 앉은 여섯 살배기 김옥균에게 말을 건넸다. 대청마루에 문방사우가 차려졌다.

"귀한 손님이 오신 걸 하늘이 어찌 알았는지 달빛이 무척 곱군요."

김옥균은 달을 소재로 문장을 써 내려갔다.

'달은 비록 작지만 온 누리를 비추네(月雖小照天下).'

김옥균의 글귀를 본 사람들의 눈은 놀라움으로 가득했다. 여섯 살배기가 지을 수 있는 문장이 아니었다.

"사영 대감을 온 누리를 비추는 달에다 비유하다니, 최고의 찬사가 아닐 수 없구나."

고을 원은 김옥균에게 상으로 단계석 벼루와 해주 송연묵을 내렸다. 스스로가 대견스러운지 김옥균이 으쓱대자, 사람들은 박수를 치며 크게 웃었다.

사흘 뒤, 여섯 살 나어린 김옥균은 친아버지 김병태, 양아버지 김병기와 함께 한양으로 올라갔다. 어머니는 동구 밖까지 나와 김옥균이 가물가물 사라질 때까지 지켜보았다. 하염없이 흘러내리는 눈물이 어머니의 옷고름을 적시었다.

## 3
# 강릉에서 성리학을 공부하다

친아버지 김병태는 한양에 올라온 지 하루 만에 어린 김옥균을 두고 천안으로 내려갔다. 나어린 아들을 떼어 놓은 김병태의 가슴은 송곳으로 찌르듯이 아팠다. 아들 하나 번듯하게 키울 수 없는 자신의 처지가 김병태는 너무도 원망스러웠다. 어찌나 이를 앙다물었는지, 비릿한 피 냄새가 입안으로 퍼졌다.

친부모와 헤어진 여섯 살배기 김옥균은 엄청난 충격을 받았다. 아버지가 보고 싶었다. 어머니가 그리웠다. 친구들의 얼굴도 하나씩 떠올랐다. 뺨을 타고 흐른 눈물이 베갯잇을 적셨다.

얼굴을 맞대는 모든 이들이 생전 처음 보는 사람들이었다. 김

---

김홍집은 김옥균보다 아홉 살 많았지만, 둘도 없는 벗으로 지냈다. 김홍집은 학문과 문장이 뛰어났고, 시, 글씨, 그림에도 능했다. 김홍집의 아버지 김영작은 서학에 밝아, 신기한 서양 책과 물건들을 많이 가지고 있었다.

김옥균의 집은 조선 시대 최고의 주택가인 북촌에 있었다. 북촌은 경복궁과 창덕궁 사이에 있어서, 궁궐 출입이 잦은 고관대작들이 많이 살았다. 또 북쪽이 높고 남쪽이 낮아, 양지바르고 물도 잘 빠져 살기에 더할 나위 없이 좋았다. 사진은 북촌 한옥 마을이다.

옥균은 주눅 들고 겁먹은 채 몇 달을 보냈다.

그러던 어느 날이었다. 김옥균이 양부모에게 문안 인사를 올리고 나오려는데, 양아버지 김병기가 김옥균을 끌어당겨 무릎 위에 앉히고는 말을 건넸다.

"처음에는 모든 게 낯설고 힘들 거야. 나도 그랬거든."

양아버지 김병기도 김옥균처럼 어릴 때 양자로 들어왔다. 친아버지는 김영근인데, 대를 이을 아들이 없는 김좌근의 양자가

된 것이다. 김좌근은 영의정을 세 번이나 지낸, 안동 김씨 세도 정치를 이끈 우두머리였다.

"할아버지가 너를 싫어하겠니, 나나 네 어머니가 너를 괴롭히겠니. 두려워하지 말고 가슴을 열어 보렴."

양아버지 김병기는 따뜻한 눈빛으로 김옥균을 바라보며, 머리를 찬찬히 쓰다듬어 주었다.

얼마 뒤, 김옥균은 가까스로 친부모와 헤어진 충격에서 벗어났다. 김옥균이 마음을 추스를 때까지 짜증도 역정도 내지 않고 사랑으로 보살펴 준 양부모 덕이었다.

김옥균의 집은 북촌에 있었다. 북촌은 창덕궁 바로 옆이라 궁궐 출입이 잦은 고관대작들이 많이 살았으며, 조선 시대 최고의 주택가로 손꼽혔다.

그런데 북촌에는 서당이 없었다. 아이들을 값싼 서당에 보내는 것은 양반의 체통을 깎는 짓이었다. 체통을 지키려면 아버지가 직접 아이들을 가르쳐야 했다. 하지만 워낙 나랏일이 바쁘다 보니, 아이들을 가르칠 짬을 내기 어려웠다. 그래서 권세 높은 양반가에서는 독선생을 두고 글을 가르치는 경우가 많았다.

김옥균은 한동안 또래를 사귀지 못했다. 또래 아이들을 보기라도 해야 사귀든 말든 할 텐데, 도통 눈에 띄지가 않았다. 가끔 마주칠 때도 있었지만, 그때마다 건장한 노비들이 딱 붙어 있어서 말 한 마디 붙이기도 어려웠다.

한양 생활을 한 지도 그럭저럭 4년이 흘렀다. 김옥균은 여전히 또래 친구가 없었다. 하지만 이제 예전처럼 외롭지 않았다. 요즘 누구와도 견줄 수 없는, 소중한 벗이 생겼기 때문이다. 벗의 이름은 김홍집, 김옥균네 아랫집에 살았다. 김옥균은 틈만 나면 김홍집네 집을 찾았다.

"오랜만이야."

"어젯밤에 헤어져 놓고 뭐가 오랜만이냐. 이제 그만 좀 와라. 보기 싫다."

"어허, 떼려야 뗄 수 없는 동무 사이에 하룻밤이나 떨어져 있었으면 보고플 만도 하지 않은가."

"형한테 까불면 맞는다."

김홍집은 열아홉 살로, 김옥균보다 무려 아홉 살이 많았다. 그런데도 김옥균을 친동생처럼 귀여워했고, 김옥균도 어미를 좇는 병아리처럼 김홍집을 따라다녔다.

김홍집은 과거에 매달려 유학 책만 달달 외는 딸깍발이가 아니었다. 어려서부터 재주가 뛰어났으며, 문장, 시, 그림, 글씨, 음악 등 다방면에 능했다. 서학을 믿는 아버지 김영작 덕에 서양 학문에도 밝았다. 김홍집의 집에는 처음 보는 서양 책과 물건들이 많았다. 김옥균에게 김홍집네 집은 신기한 물건들이 가득 찬 신 나는 놀이터나 다름없었다.

하지만 김옥균은 1년 만에 김홍집과 헤어져야 했다. 1861년, 강릉 부사로 부임한 양아버지 김병기를 따라 강원도 강릉으로 이사했기 때문이다.

김병기는 평안도 관찰사를 거쳐 예조, 공조, 호조의 판서를 두루 지낸 실세 중의 실세였다. 그런 김병기가 부사로 간다는 것은 좌천이나 다름없었다. 재야 선비들 사이에서 안동 김씨 세도 정치를 비판하는 소리가 빗발치자, 이를 무마하려고 김병기를 강릉으로 내친 것이다.

김옥균은 1861년 강릉 부사로 부임하는 양아버지 김병기를 따라 강릉으로 내려가, 송담 서원에서 성리학을 공부했다. 18세기 중엽에 그린 《해동지도》의 《강릉부》 지도로, 붉은 원 안이 송담 서원이다.

세도가들은 김병기에게 책임을 지워 미안하다며 조금만 기다리면 다시 불러올리겠다고 위로했다. 하지만 김병기는 경치 좋은 강릉에서 푹 쉴 수 있게 됐다며 오히려 즐거워했다.

김병기는 아내, 김옥균과 함께 강릉으로 출발했다. 호위 병사가 수십이나 되었다. 김병기는 말을 탔고, 아내와 김옥균은 가마를 탔다.

강릉까지 가는 길은 멀고도 험했다. 오랜 시간 좁은 가마 안에 앉아 있으려니, 다리가 저리고 좀이 쑤셨다. 김옥균은 하루에 몇 시간은 가마에서 내려 걸었다.

그러던 어느 날, 오줌을 누러 무심코 길가 풀밭으로 들어간 김옥균은 심장이 멎는 줄 알았다. 풀밭에 사람이 나자빠져 있었다. 김옥균의 비명 소리에 놀라, 양아버지 김병기와 호위 병사들이 뛰어왔다.

"차림새를 보니 거지 같습니다. 굶주림과 병에 시달리다 죽었나 봅니다."

"고을 원에게 알리고 떠나세."

굶주림과 역병으로 죽어 가는 백성이 한 해에 몇 만에서 몇 십만을 헤아렸다. 수많은 백성이 굶주림에 죽어 간다고 생각하

> 《저상일월》은 경상북도 예천군 용문면 대저리 함양 박씨 종가에서 5대에 걸쳐 쓴 한문 일기로, 1834년(순조 34)부터 1950년까지 117년 동안 써 내려왔다. 세도 정치 시기부터 6.25 전쟁까지의 시대상을 알 수 있는 귀중한 자료이다. 이 일기에 따르면 세도 정치 시기에는 예천 같은 촌구석에서도 하루에 한 번꼴로 죽음을 만날 만큼 죽음이 흔했다. 길을 가다 전염병이나 굶주림으로 죽은 시체를 보는 경우도 많았다. 세도 정치 시기에 백성들이 얼마나 살기 힘들었는지 보여 주는 예이다.

니, 김병기의 마음은 몹시 무거웠다. 그 날 밤이었다.

"여보, 옥균이가 이상해요."

잠을 자던 김옥균이 식은땀을 흘리고, 무엇에 놀랐는지 몸을 움찔거리며 눈물을 흘렸다. 심상치가 않았다.

김병기는 황급히 의원을 찾았다.

"경기로군요. 놀라서 의식을 잃고 발작을 일으키는 증상입니다. 약을 지어 드릴 테니, 하루 세 번 달여 먹이세요."

시신을 보고 멀쩡할 아이는 없었다. 김옥균의 경기를 잡으려고 지나는 고을마다 의원에 들르다 보니, 김병기의 부임 행차는 갑절이나 더 걸렸다. 10일이면 갈 길을 20일이 걸려 도착했다.

강릉은 경포대를 비롯해 경치 좋은 곳이 많았다. 또 인구도 많고 물산도 풍부해, 인심도 그리 야박하지 않았다.

김병기가 강릉 부사에 앉은 후, 강릉 사람들의 인심은 더욱 넉넉해졌다. 김병기는 이전 부사들과 달리 법에 없는 세금과 기부금을 전혀 거두지 않았다. 벼슬을 돈 주고 사지 않았으니 본전을 채우려고 백성들을 쥐어짤 필요가 없었던 것이다.

게다가 강릉 사람 중 김병기보다 권세가 큰 사람은 없었다. 그러니 눈치 보며 힘 있고 돈 많은 유지라고 봐 줄 필요가 없었다. 또 힘없고 가난한 사람이라고 결코 무시하지 않았다. 그저 원칙과 법에 따라 일을 공명정대하게 처리했다. 사람들은 천하에 둘도 없는 목민관이 왔다며 김병기를 칭송했다.

김옥균은 양어머니의 극진한 간호 덕에 강릉에 온 지 한 달 만에 건강을 되찾았다. 김옥균은 공부를 열심히 해, 양부모의 사랑에 보답하겠다며 마음을 다져 먹었다.

김옥균은 강동면 언별리에 있는 송담 서원에 들어갔다. 송담 서원은 율곡 이이의 위패를 모신 서원으로, 이이의 성리학에 관한 한 조선에서 가장 권위 있는 서원 중 하나였다. 열한 살 나어린 김옥균은 송담 서원에서 먹고 자면서 성리학 공부에 온 힘을 기울였다. 천재적 재능에다 노력까지 더하니 날로 실력이 늘었다. 얼마 안 가 김옥균은 서원에서 시험을 치를 때마다 장원을 놓치지 않았다.

양어머니는 열흘에 한 번씩 음식과 옷가지를 바리바리 싸서

1861년부터 6년 동안 김옥균이 성리학을 공부한 송담 서원은 강원도 유형문화재 제44호로, 강릉시 강동면 언별리에 있다. 강릉에서 나고 자란 율곡 이이의 위패를 모셨으며, 조선 후기 이이의 성리학에 관한 한 가장 권위 있는 서원 중의 하나였다. 1630년(인조 8), 학산리에 석천 서원이라는 이름으로 세웠다가 1652년(효종 3)에 지금의 위치로 옮겼다. 1660년(현종 1), 현종이 송담 서원이라는 현판을 내렸다. 1868년(고종 5), 서원 철폐령으로 철거했다가 1904년에 지방 유지들의 모금으로 다시 세웠다.

서원으로 찾아왔다. 어찌나 음식이 맛있고 푸짐한지, 동학들과 잔치를 벌이고도 남을 정도였다.

학문하는 즐거움에 빠져 있는 새 1년이 훌쩍 지났다. 양아버지 김병기에게 다시 조정으로 돌아오라는 명령이 떨어졌다.

1862년, 진주에서 시작된 농민 봉기가 전국을 휩쓸었다. 조정이 발칵 뒤집혔다. 이대로 가다가는 조정이 무너질 판이었다. 당장 백성들의 불만을 잠재울 해결책을 내놓아야 했다. 썩을 대로 썩은 정권이라 김병기 말고는 적임자가 없었다.

김병기는 송담 서원으로 전갈을 보내 김옥균을 불렀다.

"당장 한양으로 올라오라는 어명이 계셨다. 내일이면 네 어머니와 함께 떠나야 한다. 옥균이 넌 어찌하려는지……."

"소자는 송담 서원에서 공부를 더 할 생각이에요. 걱정 마시고 한양으로 가세요."

"그럴 줄 알았다. 송 서방과 달근이더러 너를 보살피라고 했다. 후임 부사와 구실아치들에게도 네 얘기를 해 두었으니, 힘든 일 생기면 강릉부에 말하고……."

"그나저나 조정에 큰일이 생겼나 보네요."

"요즘 민란이 전국을 휩쓸고 있다는 것은 너도 들어서 알고 있지?"

"서원에서도 동학들끼리 의견이 분분합니다."

"백성들의 마음이 하늘의 뜻이라는 말이 있다. 백성들의 마음이 떠났는데, 임금이나 나라가 멀쩡한 경우는 일찍이 들어 본 적이 없다. 백성들의 마음을 붙잡지 못하면 임금도 나라도 성치 못할 것이야."

"백성들의 마음을 붙잡을 방도가 있기는 한가요?"

"있고말고. 배부르고 등 따스우면 어느 백성이 불만을 품겠느냐. 백성들이 배부르고 등 따습도록 있는 사람이 조금이라도

## 임술 농민 봉기의 물꼬를 튼 진주 민란

경상 우병사 백낙신은 진주와 주변 지역 백성들에게 4만~5만 냥을 빼앗고서도 빌리지도 않은 환곡을 갚으라며 15만 6천 냥이라는 거액을 집집마다 할당했다.

견디다 못한 백성들은 유계춘, 김수만, 이귀재 등의 지휘 아래 1862년 2월 18일, 수곡장과 덕산장으로 몰려가 세를 불린 뒤 진주성으로 쳐들어갔다. 이들은 스스로를 초군(나무꾼)이라 부르며 머리에 흰 수건을 두르고는, 가담하지 않는 자들에게 벌전을 거두고 반대하는 자들의 집을 부수었다.

봉기군의 기세가 하늘을 찌를 듯이 높아지자 가담하는 백성들이 늘어, 봉기군은 금세 수만 명으로 불어났다. 봉기군은 나흘 동안 악질 향리 네 명을 때려죽이고, 수십 명에게 부상을 입혔다. 또 평소 지탄의 대상이던 부호들을 습격해 집 126채를 부수고 재물을 빼앗았는데, 피해액이 10만 냥에 달했다.

진주에서 민란이 일어났다는 소식에 백성들은 크게 고무되었고, 그해 말까지 경상도, 전라도, 충청도, 황해도에서 백성들이 들고일어나, 전국이 봉기의 불길에 휩싸였다. 이 해가 임술년이어서 '임술 농민 봉기'라 부르며, 뒷날 동학 농민 운동으로 이어졌다.

박규수는 북학파의 거두 박지원의 손자인데, 진주 민란이 일어나자 안핵사로 수습을 맡았다. 박규수는 문란해진 삼정을 바로잡을 대책을 당장 마련해야 한다고 보고했다.

내놓아야 해. 아무것도 내놓지 않으려다 모조리 빼앗기는 수가 있다는 것을 왜 모르나 몰라."

김병기와 김옥균이 도란도란 이야기를 나누는 소리가 새벽까지 들려왔다. 다음 날 아침, 김옥균은 한양으로 떠나는 양부모를 배웅했다.

조정에서는 전국의 선비들에게 농민 봉기를 잠재울 해결책을 올리라고 했다. 수많은 선비들이 상소문을 올렸는데, 내용이 거의 같았다.

선비들은 하나같이 백성들이 들고일어난 까닭을 문란한 삼정에서 찾았다. 문란한 삼정을 바로잡지 못하면 나라가 위태로워진다고 근심했다. 삼정 가운데 가장 불만이 많은 게 환곡이라며, 환곡을 없애지 않고서는 삼정을 바로잡을 수 없다고 했다.

삼정은 나라 재정의 기본이 되는 전정, 군정, 환곡을 가리키는 말로, 백성들이 나라에 의무적으로 바치는 세금이다.

전정은 토지에 매기는 세금으로, 농업이 나라 경제의 대부분을 차지하던 당시 가장 중요한 세금이었다. 군정은 국방의 의무를 진 15세 이상 60세 이하의 남자에게 매기는 세금이었다. 환곡은 봄에 먹을 게 모자라 굶주리는 사람들에게 빌려 주고, 추

수 때 약간의 이자를 붙여 되돌려 받는 복지 정책이었다.

하지만 정권이 썩을 대로 썩은 세도 정치기에는 필요하지 않은 사람에게까지 강제로 빌려 준 뒤, 높은 이자를 쳐서 받는 고리대로 변했다. 전정과 군정도 폐해가 컸지만, 그 중 환곡의 폐해가 가장 컸다.

원래 양반들은 대부분 나라에 내는 세금, 특히 군정을 면제받았다. 조선 전기처럼 양반의 비율이 5퍼센트 남짓할 때는 양반들의 면세가 큰 문제가 되지 않았다.

하지만 세금을 면제받는 양반의 비율이 30퍼센트까지 치솟은 조선 후기에는 나라의 수입이 그만큼 줄어들 수밖에 없었다. 양반가에 속한 노비도 군정을 면제받았으니, 이들까지 포함하면 남자 인구의 절반이 군정을 부담하지 않은 셈이었다. 결국 상민들이 부족한 군정까지 져야 하니, 그 부담이 클 수밖에 없었다.

나라에서도 더 이상 일반 백성들에게 세금을 거두어들일 수 없었다. 관청마다 돈이 모자란다며 아우성을 쳤다. 조정은 환곡을 운용해 그 이자 수입으로 모자란 돈을 메우도록 허용할 수밖에 없었다.

호조니 선혜청이니 진휼청 같은 중앙 관청은 물론, 군대와 지방 관아까지 앞다투어 환곡을 운용해 이자 수입을 올리려고 두 눈이 벌갰다. 갈수록 환곡으로 운용하는 곡식의 양이 늘어 갔고, 이자율도 높아 갔다.

환곡은 원래 봄에 곡식을 빌려 주고 추수철에 이자 10퍼센트를 붙여 갚는 제도였다. 하지만 나라의 기강이 무너지고, 탐관오리들의 부정부패가 판을 치던 당시에는 이자가 30퍼센트를 넘는 고리대로 변했다.

게다가 지방 관리들과 구실아치들은 갖은 농간을 부려 상상하기 힘든 부정과 비리를 저질렀다. 쌀에다 모래를 섞거나 쌀을 물에 불려, 빌려 주는 곡식의 양을 터무니없이 늘렸다. 쌀이 썩든 말든, 사람이 먹을 수 있든 말든 상관없었다.

백성들의 불만이 하늘을 찔렀다. 참다못한 백성들은 죽음을 무릅쓰고 들고일어났다. 1862년 전국을 휩쓴 농민 봉기이다.

각지에서 올라온 상소문을 살피던 김병기는 기지개를 켰다. 하도 많은 상소문을 읽었더니 눈알이 빠질 듯 아팠다. 백성들의 분노를 잠재울 해결책을 생각하니, 한숨이 절로 나왔다.

김병기는 환곡을 없애는 길밖에는 방도가 없다고 보았다. 하

> 진주 농민 봉기를 시작으로 곳곳에서 백성들이 일어서자, 조정에서는 1862년 5월 26일 삼정이정청을 두어 수습책을 마련하기로 했다. 총재관에 정원용, 김흥근, 김좌근, 조두순이, 당상관에 김병기, 김국이 임명되었다. 삼정이정청에서는 전국 각지의 유생들에게 응지삼정소를 받아 해결책을 찾으려 했다. 그러나 삼정이정청에서 낸 해결책은 지방 수령과 양반들의 반발, 그해 가을의 흉작으로 실시하지 못했다.

지만 환곡을 없애면, 나라 살림을 꾸려 갈 돈이 턱없이 모자랐다. 다른 곳에 세금을 매겨 모자란 국가 재정을 메워야 했다.

일반 백성들에게는 더 이상 세금을 매길 수 없었다. 양반들에게 세금을 물리는 거 말고는 뾰족한 수가 없었다. 양반과 양반들이 부리는 노비들에게 세금을 거두면, 모자란 나라 곳간을 채우고도 남았다. 문제는 양반들이 세금을 고분고분 낼 리 없었다.

'제정신이 조금이라도 남아 있다면 순리를 따르겠지.'

김병기는 생각을 정리해, 보고서를 써 내려갔다.

김병기의 보고를 받은 김좌근, 김흥근, 정원용, 조두순은 아무 말이 없었다.

"이만 물러가겠습니다."

얼마 뒤, 조정에서는 지방 관리와 구실아치들이 농간을 부리지 못하도록 엄하게 관리하고, 환곡을 없애겠다고 발표했다.

부족한 재정을 메우기 위해 양반들에게 세금을 매기겠다는 내용은 눈 씻고 봐도 없었다.

'눈 가리고 아웅 하겠다는 수작이로군. 저 얄팍한 수로 백성들의 불만을 잠재울 수 있을까?'

김병기는 궁궐을 나오며 혼잣말로 중얼거렸다.

아무것도 변한 것은 없었다. 백성들은 바보가 아니었다. 농사를 짓느라 주춤했던 백성들은 추수가 끝나자 다시 곳곳에서 일어났다.

바야흐로 민란의 시대였다. 백성들의 저항이 어디까지 갈지 짐작조차 할 수 없었다.

## 4
# 새로운 벗, 새로운 세상

　김병기는 자신들이 가진 것을 손톱만큼도 내놓지 않으려는 양반들에게 진절머리가 났다. 양반들의 불만이 자기들에게 쏠릴까 두려워, 해결책을 덮어 버린 안동 김씨 세도 정치에 절망했다.

　들불처럼 전국으로 번진 농민 봉기는 이듬해까지 이어졌다. 권력에 눈이 먼 세도가들은 주동자는 물론 가담자까지 마구 목을 베며 무자비하게 진압했다.

　김병기는 두려웠다. 백성들은 가혹한 진압에 숨죽인 듯 보였지만, 속으로는 이글이글 타오르고 있었다. 작은 불씨 한점이

**고종의 아버지 흥선 대원군은 어린 고종 대신 권력을 쥐고 나랏일을 처리했다. 흥선 대원군은 세도 가문을 몰아내고 인재를 고루 등용했다. 호포법을 시행해 양반에게도 세금을 거두었고, 재정 악화의 주범인 서원을 철폐하는 등 개혁 정책을 펴 나라를 안정시키려고 했다.**

라도 만나면, 어마어마하게 폭발할 듯했다. 그 폭발의 위력은 임금은 물론, 조정과 나라까지 날려 버릴 만큼 대단할지도 몰랐다. 쉬는 게 한숨이요, 느는 게 술이었다. 김병기는 궁궐을 나오면 술집으로 달려갔다.

그러던 어느 날이었다. 이리 비틀 저리 비틀거리며 휘적휘적 지나가던 사내가 김병기에게 다가왔다.

"사영 대감 아니시오. 오랜만이오."

"흥선군께서 여기는 웬일이시오."

사내는 왕실의 종친인 흥선군 이하응이었다. 사도 세자의 서자인 은신군에게 입양된 남연군의 아들이었다. 김병기는 일어서서 흥선군을 반갑게 맞았다.

"공짜라 그런지 술맛이 더 나는구려."

"한 잔 더 따르리다. 쭉 들이키시오."

"조선에서 진정한 대장부는 단 둘뿐이라고 보오. 그 두 사람이 누구인지 아시겠소?"

"하나는 사영 대감, 당신이겠고……. 다른 하나는 도통 생각나지 않는구려."

"후후후, 웬 겸손이시오? 흥선군을 빼고 어찌 대장부를 논하

리오."

김병기는 흥이 오르는지 흥선군에게 술을 권했다.

"흥선군, 이거 아시오? 양반들은 의무는 하나도 지지 않으면서 권리만 앞세우는 욕심꾸러기라오. 양반들을 지금처럼 두면 이 나라의 미래가 암울해져요."

김병기는 흥선군에게 농민 봉기를 잠재울 해결책을 놓고, 조정에서 어떤 일이 벌어졌는지 자세하게 이야기했다. 흥선군은 정치에는 관심이 없으니, 술이나 마시자며 술을 따랐다.

두 사람은 거나하게 취해 술집을 나왔다. 김병기는 허위허위 골목으로 사라지는 흥선군을 보며 피식 웃음을 터뜨렸다.

"깊은 연못 속에 움츠린 용이 언제쯤 날개를 펼치려나."

이튿날, 김병기는 쌀과 고기, 생선, 비단을 바리바리 실어 흥선군의 집으로 보냈다. 뜻을 펴지 못하는 흥선군의 재능이 아까웠기 때문이다.

그 해 12월, 철종이 자식을 남기지 못한 채 세상을 떴다. 나라를 쥐락펴락하던 권세가들은 삼삼오오 모여, 누구를 허수아비 왕으로 삼는 게 좋을지 이 궁리 저 궁리 했다. 마침 대왕대비 조씨가 흥선군의 둘째 아들 이재황을 추천했다. 흥선군은 그 어느 정치 세력과도 손을 잡지 않은데다, 이재황의 나이 겨우 열둘이었다. 권세가들에게 이보다 좋은 패는 없었다.

이야기를 들은 김병기는 파안대소를 터뜨렸다.

"하하하, 스스로 제 무덤을 파는구나."

얼마 뒤 이재황이 왕위에 올랐다. 고종이다.

왕의 아버지인 흥선군 이하응은 대원군에 봉해졌다. 나어린 왕을 대신해 나라를 다스려야 할 대왕대비 조씨는 흥선 대원군에게 권한을 맡기고 뒤로 물러나겠다고 했다. 바야흐로 흥선 대원군의 시대가 활짝 열린 셈이었다.

흥선 대원군은 집권하자마자, 당파와 문벌을 따지지 않고 인재를 등용해 나라의 기틀을 새롭게 다지겠다고 선언했다. 정승과 판서를 비롯한 노른자위를 독차지하고 나랏일을 농단하던 세도가들은 죄다 쫓겨났다. 김옥균의 양할아버지인 김좌근도 뒷방으로 물러났다. 나라와 백성을 도탄에 빠트린 60년 세도 정치가 끝난 것이다.

얼마 뒤, 흥선 대원군은 김병기를 운현궁으로 불렀다.

"조선에서 대장부는 나와 사영, 둘밖에 없다는 사영의 말이 생각나 불렀소."

사적 제257호인 운현궁은 종로구 운니동에 있는 흥선 대원군의 집이다. 고종이 태어나 열두 살까지 살았으며, 흥선 대원군이 10년 동안 나랏일을 쥐락펴락한 역사의 현장이다. 지금은 덕성여자대학교 캠퍼스로 사용하고 있다.

"대감을 희롱한 죄가 큽니다, 죽여 주소서."

"어허, 사영만 배포를 자랑하기요. 나도 배포가 크다는 걸 보여 줄 기회를 주구려."

흥선 대원군은 김병기에게 술을 따랐다.

"그날 사영의 말을 듣고 가슴이 철렁했소. 그때 사영이 세도가들에게 한마디라도 귀띔했다면 어찌 이런 기회가 왔겠소."

누구나 어려울 때 받은 도움은 쉬 잊지 못하는 법이다. 흥선 대원군은 김병기의 도움이 집안 살림에 크게 보탬이 됐다며 고마워했다. 그날 밤, 김병기는 집으로 들어오다가 청지기와 노비들이 수레에 가득 실린 값비싼 물건들을 창고에 부리는 것을 보았다.

얼마 후, 김병기는 광주 유수로 발령이 났다. 시간이 남아도는 한직이나 다름없었다. 김병기는 홀로 광주로 부임했다. 마침 김옥균에게서 편지가 왔다. 잠시 짬을 내어 한양 집에 들렀다 광주로 오겠다고 했다.

며칠 뒤 김옥균이 광주부로 찾아왔다. 김병기는 흐뭇한 얼굴로 김옥균의 절을 받았다.

"공부는 잘 하고 있지?"

"율곡 이이와 퇴계 이황 선생의 이기론 논쟁부터 인간의 본성과 사물의 본성을 둘러싼 호락 논쟁까지 죽 훑고 있어요."

"아주 깊은 부분까지 꼼꼼하게 공부하고 있나 보구나. 고생이 많겠다."

"여러 스승께서 잘 가르쳐 주셔서 전혀 힘들지 않아요."

"근본이 중요하다는 걸 명심해라. 요즘 들어 드는 생각이 우리가 그동안 근본을 잊고 있었다는 생각이 든다."

"근본이라면……."

"격물·치지·성의·정심에 수신·제가·치국·평천하라는 말이 있다. 이 17자야말로 유학의 근본이라고 할 수 있다."

"《대학》 첫 장에 나오는 8조목을 말씀하시는군요."

"스스로를 바르게 닦고 집안을 잘 다스려 바로잡은 뒤에야 나라를 다스리고 천하를 평정할 수 있다는 말을 잊지 마라. 우리 안동 김씨는 수신과 제가를 하지 못한 채 치국과 평천하를 하려다 백성을 괴롭히고 나라를 이 지경으로 만들었다. 우리 집안의 죄를 절대 잊지 마라. 평생을 속죄하는 마음으로 살 생각이다."

"속죄요?"

"백성과 나라에 지은 죄를 씻어야 하지 않겠니……."

김병기는 크게 한숨을 쉬었다. 부자지간에 잠시 침묵이 흘렀다. 김병기가 말을 이었다.

"유학의 근본이 무엇이라 생각하느냐?"

"유학의 근본은 인, 즉 어짐이니 남을 측은하게 생각하는 마음 아닐까요?"

"그렇게 볼 수도 있지. 그래도 나는 부끄러워하는 마음, 즉 의를 아는 게 가장 중요하다고 본다. 사람이 염치를 알지 못하면 개돼지와 무엇이 다르겠느냐. 염치를 알아야 사람의 도리를 지킬 수 있다. 하지만 우리 집안은 그동안 염치를 몰랐다. 염치도 모르고 나라를 다스렸으니, 도덕이 땅에 떨어질 수밖에……."

김병기는 땅이 꺼져라 한숨을 내쉬었다. 김옥균도 마음이 무거웠다. 언제나 자신만만하던 양아버지가 스스로를 책망하는 모습이 낯설었다. 양아버지에게 기쁨을 드리고 싶었.

"너는 하늘에 한 점 부끄러움 없게 늘 정의로운 삶을 살아라. 그래서 우리 집안이 지은 죄를 깨끗이 씻어 주렴."

김옥균의 가슴에 정의와 속죄라는 두 단어가 새겨지는 순간이었다. 그날 이후, 정의와 속죄는 죽는 날까지 김옥균의 삶을 지탱하는 원칙이 되었다.

양아버지와 하룻밤을 지샌 김옥균은 다시 한양으로 올라왔다. 실의에 빠진 양어머니를 위로해야 했다. 서원에서 겪은 일에 살을 붙여 흥미진진하게 이야기했더니, 양어머니의 얼굴이 점점 밝아졌다. 양어머니가 웃음을 되찾자, 김옥균의 마음도 한층 가벼워졌다.

김옥균은 홀가분한 마음으로 김홍집네 집을 찾았다.

"옥균이 너, 하라는 공부는 안 하고 밥만 먹었냐? 어쩜 키가 이렇게 클 수 있냐."

"물만 먹었는데도 자랍디다."

"자식, 네가 콩나물이냐?"

실없이 농을 주고받다 보니, 어느새 두 사람의 얼굴에 미소가 어렸다.

"요즘 무슨 책 보고 있어?"

"위원이 쓴 《해국도지》와 서계여가 쓴 《영환지략》."

"듣도 보도 못한 책인데?"

"청나라에서 나온 지리서인데, 아버지가 청나라에 사신으로 갔다가 구한 책이야."

김옥균은 김홍집이 건넨 《해국도지》와 《영환지략》을 훑어보았다. 세계 지리를 다룬 책이었다.

"우리가 세계의 중심이라고 알고 있는 중국은 동쪽의 한낱 변두리 나라일 뿐이야. 오늘날 세계의 중심은 영국과 프랑스, 미국, 러시아라고 할 수 있어."

김홍집은 책 속에 그려진 세계 지도에서 영국과 프랑스, 미국, 러시아를 차례대로 가리켰다.

"4년 전인 1860년에 세계를 뒤흔드는 엄청난 일이 일어났어.

무슨 일인지 아니?"

김옥균은 고개를 저었다.

"영국과 프랑스 군대가 베이징을 점령했어. 얼마 되지 않는 영국과 프랑스 연합군에 천하의 중심이자 세계 최강이라 자부하던 청나라의 수도가 뚫린 거야."

김옥균은 어안이 벙벙했다.

"옥균아, 세계는 빠르게 변하고 있어. 변화의 속도를 따라가지 못하면 순식간에 나라가 망할지도 몰라."

김옥균은 김홍집의 이야기를 듣고 큰 충격을 받았다. 김옥균은 김홍집에게 빌린 《해국도지》와 《영환지략》을 밤을 꼬박 새우며 읽고 또 읽었다. 김옥균의 눈이 열리면서, 새로운 세상이 보이기 시작했다.

## 5
# 개화파를 만들다

　강릉으로 돌아간 김옥균은 2년 동안 송담 서원에서 더 머물렀다. 김옥균은 김병기의 가르침을 잊지 않고 유학의 근본 정신을 되새기고 또 되새기며, 몸과 마음을 바르게 닦으려고 애썼다. 2년 동안 학문도 정신도 열심히 갈고닦은 덕에 김옥균은 자신이 뜻한 바를 어느 정도 이루었다고 생각했다.

　1866년, 김옥균은 강릉 생활을 끝내고 한양으로 돌아왔다. 한양 생활은 더없이 활기차고 즐거웠다. 새로 사귄 벗들 덕이었다. 김옥균이 한양에 올라오자마자 김홍집이 여러 벗을 소개했다. 박영효와 박영교, 홍영식, 서광범 등이었다.

박규수는 오경석, 유홍기와 함께 자신의 사랑방에 청년들을 모아 놓고 《해국도지》, 《영환지략》 같은 책과 〈곤여만국전도〉를 보며 세계 각국의 사정과 조선이 나아가야 할 바를 가르쳤다. 17세기에 이탈리아의 선교사 마테오 리치가 만든 서양식 세계 지도인 〈곤여만국전도〉이다.

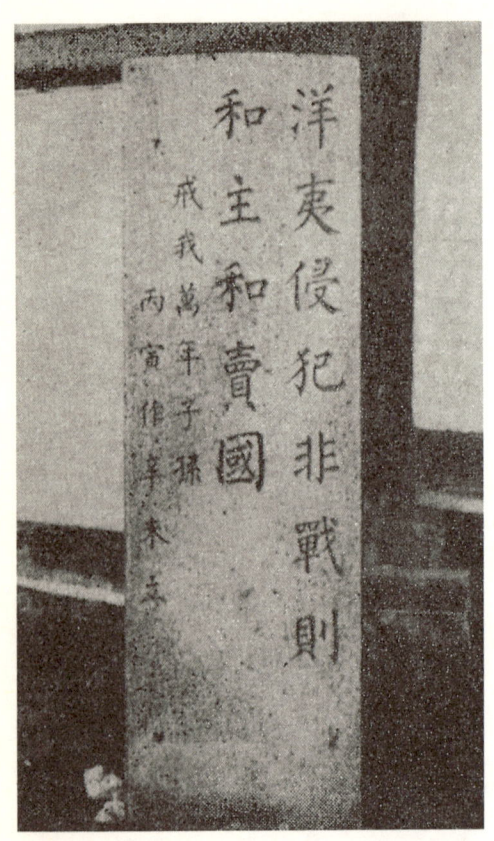

병인양요와 신미양요를 겪은 뒤, 흥선 대원군은 전국 곳곳에 척화비를 세웠다. '서양 오랑캐가 침입하는데 싸우지 않으면 화친하자는 것이니 화친을 주장함은 나라를 파는 것'이라는 글귀가 선명하다.

벗들과 사귀면서 김옥균의 경륜이 뛰어나다는 소문이 도성 안을 돌고 돌아 대궐 안까지 흘러들어 갔다. 어린 고종을 대신해 정권을 이끌던 조 대비와 흥선 대원군까지 김옥균을 불러, 그 됨됨이를 지켜볼 정도였다.

김옥균이 한양으로 돌아온 그해 8월, 프랑스 함대가 강화도로 쳐들어왔다. 병인양요였다. 그 뒤 흥선 대원군은 나라의 문에 빗장을 걸어 잠그고, 나라 안을 철저히 단속했다. 서양과 화친하자고 주장하는 것은 나라를 팔아먹는 짓거리로 내몰렸다.

시국이 시국이니만큼 김홍집네 집에 모인 김옥균과 친구들은 술잔을 기울이며 이야기를 나누었다.

"나라의 문에 빗장을 걸어 잠그는 것은 우물에다 뚜껑을 덮어

씌우는 것과 마찬가지예요. 우물물을 보호하려다 홍수에 쓸려 사라질 위험에 빠질 겁니다."

김옥균의 이야기에 박영효가 파안대소를 터뜨리며 물었다.

"그리 하면 우물 안 개구리들의 운명은 어떻게 되는 거요?"

"우물 안 개구리들은 하늘이 있는지조차 알지 못하다 질식해 죽겠지요."

김옥균의 재치 있는 대답에 서광범이 낄낄거리며 술잔을 높이 들었다.

"우물 안에서 질식해 죽느니 술독에 빠져 죽는 게 낫겠소."

1869년, 양할아버지 김좌근이 세상을 떴다. 김좌근은 안동 김씨 세도 정치를 이끌며 세상을 호령하다가, 흥선 대원군이 집권하면서 권력을 잃고 실의의 나날을 보내었다. 양할아버지 김좌근은 김옥균을 볼 때마다 과거에 장원 급제해 가문을 다시 일으키라며, 권력에 대한 집착을 버리지 못했다.

얼마 뒤, 김홍집이 상중인 김옥균을 찾아왔다.

"스승님이 한양으로 돌아오셨어. 인사 드리러 가는데 함께 가지 않겠나."

김홍집의 스승은 박규수였다. 박규수는 김홍집의 아버지인 김영작과 평생지기라, 일찍이 김홍집을 가르친 적이 있었다.

"김옥균입니다."

김옥균이 절하자, 박규수가 환한 얼굴로 김홍집에게 물었다.

"뉘댁 자제분인지?"

"사영 대감의 아들인데, 저희 윗집에 삽니다."

"사영의 아들이라……. 아버지를 닮아 인물이 훤칠하구먼."

박규수는 북학파 실학자인 박지원의 손자로, 나라의 문을 열고 세계 여러 나라와 교류할 것을 주장하는 개화 사상가였다.

평안도 관찰사로 있다가 이번에 한성 판윤으로 자리를 옮겼다.

박규수는 평안도 관찰사로 있던 1866년, 미국 상선 제너럴 셔먼호가 대동강을 거슬러 올라와 노략질을 벌이자, 평양 성민들과 함께 배를 불살랐다.

박규수는 서안에 올려놓은 지구본을 손가락으로 가리키며 말했다.

"여기가 청나라야. 세계의 가운데

최한기가 쓰던 청동 지구본이다. 둥근 지구본을 보면, 세계를 중심과 변방으로 가르고, 중국이 세계의 중심이라는 중화 사상이 얼마나 그릇된 생각인지 잘 보여 준다.

에 있으니 중국이 세계의 중심이지. 그 옆이 우리 조선이야."

박규수는 영국이 가운데 오도록 지구본을 돌렸다.

"이번에는 영국이 세계의 중심이니, 영국이 중국이지?"

박규수는 지구본을 돌려 조선이 가운데 오도록 했다.

"조선도 세계의 중심이 될 수 있어. 여지껏 세계의 중심이라 여긴 중국이 될 수 있다는 거야. 어떻게 하면 세계의 중심이 될 수 있을까. 신문물을 받아들이고, 백성들의 힘을 하나로 모을 수 있도록 썩어 빠진 제도를 뜯어고치면 된다네."

박규수는 1861년, 연행사로 베이징에 가서 보고 들은 것들을 실감나게 들려주었다.

"베이징에 도착해서 보니, 곳곳에 영국과 프랑스의 포격을 받은 흔적이 남아 있었어. 세계의 중심인 중국이 어쩌다 이 모양이 되었냐며 한탄하는 이들이 많았지."

박규수는 이야기하다 말고 지구본에서 인도를 가리켰다.

"한때 중국과 더불어 세계를 이끌던 천축(오늘날의 인도)이야. 지금은 영국의 침략을 받아 나라가 망했지. 이대로 가면 중국도 망하지 말라는 보장이 없어. 하물며 조선은 어떻겠나. 세계의 흐름에 뒤처지느냐, 세계의 흐름을 이끄느냐, 나라가 망하느냐 또는 흥하느냐. 그 열쇠는 우리 같은 뒷방 늙은이가 아니라 자네들 같은 젊은이들이 쥐고 있어."

그날부터 김옥균은 시간이 날 때마다 박규수의 사랑방을 찾았다. 박영효와 박영교, 홍영식, 서광범도 김홍집과 김옥균의 소개로 박규수를 만났다. 젊은이들의 가슴에 넓은 세상, 신문물, 개화, 부국강병을 담은 꿈들이 켜켜이 쌓여 갔다.

새로운 사상, 새로운 세계에 대한 공부와 함께 과거 준비를 열심히 한 김옥균은 스물두 살 때인 1872년 2월, 알성시 문과에 장원 급제했다.

양부모는 크게 기뻐했다. 양아버지 김병기는 천안에 사는 친부모와 친형제자매를 한양으로 불러올려 회포를 풀도록 했다. 16년 만에 아들을 본 친아버지는 장하다며 덩실덩실 춤을 추었고, 어머니는 두 눈에 그렁그렁 눈물이 고였다. 남동생 각균과 누이동생들도 수줍은 듯 얼굴을 붉혔다.

그해 김옥균은 성균관 전적으로 첫 벼슬길에 올랐다. 전적은 성균관에서 학생들을 가르치는 정6품 벼슬로, 오늘날로 치면 서울대학교 교수에 해당한다.

박규수가 두 번째 연행사로 베이징을 다녀왔다. 김옥균은 짬을 내어 박규수를 찾아갔다. 박규수는 40대로 보이는 중년 사내 둘과 차를 마시며 이야기를 나누고 있었다.

"베이징에 다녀오시느라 고생 많으셨습니다."

"어서 오게나. 여기 이 두 분과도 인사하게."

중인 출신인 오경석과 유홍기였다. 오경석은 역관으로 박규수를 따라 베이징에 다녀왔다. 오경석은 열다섯 차례나 청나라를 들락거려, 중국 사정에 밝았다. 유홍기는 청계천 부근에서 의원을 하는 한의사로, 여러 나라에 대한 지식이 해박했다.

"베이징은 어떻던가요?"

"서양의 신문물을 받아들여 나라의 힘을 키우려는 황제의 의지가 강하더군. 소총과 증기선을 들여와 군대를 키우고, 회사를 차려 경제를 살리려고 애쓰고 있다네."

박규수의 이야기에 김옥균이 탄식하며 말했다.

"꿈같은 이야기로군요. 우리는 언제 문을 열고 나라를 발전시킬 수 있을지……. 청나라가 부럽습니다."

김옥균의 말에 유홍기가 정색을 하며 말했다.

"생각은 그대로인 채 옷만 갈아입는다고 사람이 바뀌는 게 아니에요. 겉과 속이 함께 바뀌어야 성공합니다. 그렇지 않으면

헛돈만 쓰다 실패하겠지요."

유홍기의 예측은 정확했다. 서양의 발전된 문물을 받아들여, 부국강병을 이루려던 청나라의 양무운동은 아무 성과도 올리지 못한 채 돈 낭비로 끝나고 말았다.

"청나라보다는 일본의 움직임이 중요해요. 일본은 겉과 속을 죄다 뜯어고치고 있어요. 얼마 가지 않아 일본은 강대국이 될 겁니다."

"일본이 강해지면 제2의 임진왜란이 일어나지 않을까요?"

"나라의 문을 열고 신문물을 받아들여 새 나라로 탈바꿈하지 않는다면, 그런 일이 일어날지도 모르지요."

김옥균은 유홍기의 높은 식견에 감탄해, 신분에 상관없이 스승으로 모시기로 마음먹었다.

한 해 뒤인 1873년 말, 호조참판 최익현이 흥선 대원군의 잘못을 조목조목 따진 다음, 고종이 직접 나라를 다스리라며 상소를 올렸다. 경복궁을 다시 짓느라 백성들의 원성이 높아진데다 며느리인 왕비 민씨와의 힘겨루기에서도 밀려, 결국 흥선 대원군이 물러나고 고종이 직접 나라를 다스리게 되었다. 이때 박규수도 형조판서에서 우의정으로 승진했다.

김옥균은 박규수를 찾아갔다.

"빗장을 꼭꼭 걸어 잠그던 시대도 끝났습니다. 세상이 변하고 있어요. 우리도 뭔가 해야 하지 않겠습니까?"

"그러지 않아도 주상께 나라의 문을 열고 신문물을 들여오자고 건의했다네."

"주상의 뜻은 어떻던가요?"

"관심은 보이셨지만, 대신들과 재야 유림의 반대를 무릅쓰고 나라의 문을 열 뜻은 없으셨네. 아직 때가 아니라는 것이지."

"그렇다고 손을 놓고 있을 수는 없잖습니까. 나라의 문을 늦게 열면 열수록 나라가 위태로워집니다. 무슨 수라도 내야 하지 않습니까."

"서두르지 말게. 사람들을 하나로 모아 힘을 길러야 하네."

김옥균은 이듬해부터 뜻을 함

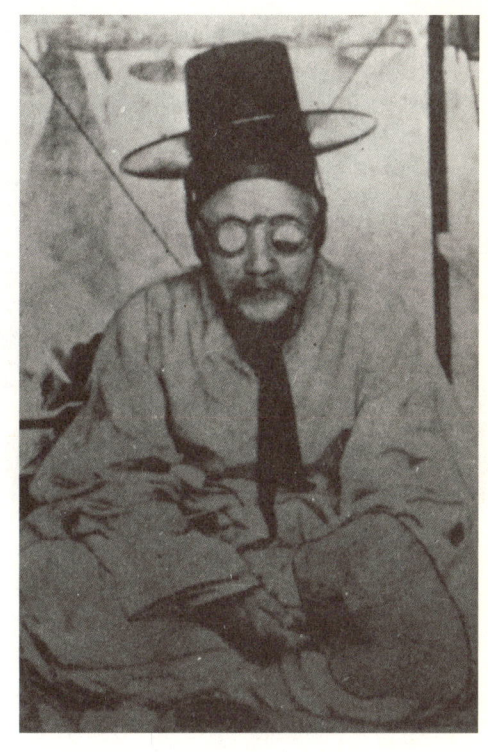

최익현은 1873년, 흥선 대원군의 잘못을 따지면서 고종이 직접 나라를 다스려야 한다고 주장했다. 하지만 왕의 아버지를 모욕했다는 이유로 제주도로 유배되었다가 1875년에야 풀려났다.

박규수와 오경석, 유홍기에게 배운 청년들은 김옥균을 중심으로 세를 불려 나가 개화파를 이루었다. 위 왼쪽부터 김옥균, 박영효, 서광범, 아래 왼쪽부터 홍영식, 윤치호, 유길준이다.

께하는 청년들을 하나로 모으기 시작했다. 전부터 알고 지내던 박영효, 박영교, 홍영식, 서광범, 윤치호, 유길준 등이었다.

박규수도 제자인 김홍집을 비롯해 김윤식, 박정양, 어윤중 등을 불러 모았다. 박규수는 그해 9월, 우의정에서 물러나 본격적으로 사람들을 모으는 데 온 힘을 쏟았다.

박규수와 오경석, 유홍기 같은 원로들은 청년들에게 개화 사상을 가르치고, 청년들은 김옥균을 중심으로 세를 불려 나가기로 했다. 이들은 나라의 문을 열고 신문물을 받아들여 나라의 모습을 새롭게 하고 나라의 힘을 키우겠다고 다짐했다.

스승들은 앞에서 잘 이끌고, 제자들은 뒤에서 열심히 잘 따라갔다. 젊은 청년들의 가슴에는 저마다 개화에 한 목숨 바치겠다는 고귀한 희생 정신이 똬리를 틀었다. 뒷날 조선을 개화와 개혁의 소용돌이로 몰고 갈 개화파가 만들어진 것이다.

# 6
# 실무를 맡아 개화 정책을 펴다

    1876년 1월, 일본 군함 8척이 강화도에 상륙했다. 일본군을 이끌고 온 전권공사 구로다는 통상 수교를 요구했다. 고종은 어전 회의를 열고 대책을 논의했다.

    "즉각 군대를 강화도로 보내 일본을 무찔러야 하옵니다."

    "일본군과 맞서 싸우려면 엄청난 희생을 각오해야 하옵니다. 일본과 화친을 맺으시옵소서."

    어전 회의는 맞서 싸우자는 쪽과 화친을 주장하는 쪽으로 나뉘어 시끄러웠다. 결국 회의는 신헌을 전권대신으로 보내 협상을 진행하면서, 최대한 시간을 벌기로 하고 끝냈다. 고종은 박

**봉원사 승려인 이동인은 일본을 드나들며 서양 문물과 최신 서적을 들여오고, 세계 각국의 움직임을 수집해 개화파에 전달했다. 또 개화파에 호의적인 일본의 사상가, 정치가, 군인, 기업가 들을 찾아내 김옥균에게 소개했다.**

규수를 불렀다.

"전쟁인가, 화친인가. 경의 생각을 말해 달라."

"전쟁을 벌이면 피해는 크겠지만, 지지는 않으리라 생각하옵니다. 우리나라는 이미 병인년에는 프랑스에, 신미년에는 미국에 맞서 이긴 경험이 있사옵니다. 일본이 프랑스나 미국보다 강하지 않을 테니, 이길 수도 있사옵니다."

"전쟁을 준비해야겠군."

"하나 더 생각할 게 있사옵니다. 화친을 배척하고 전쟁을 주장하는 것은 대원위 대감의 뜻과 같사옵니다. 그러니 전쟁을 벌이면 백성들은 자연스레 대원위 대감을 중심으로 모일 것이고, 이리 되면 대원위 대감이 다시 정권을 잡으려 할 것이옵니다."

"으음, 진퇴양난이로다."

"답은 하나, 화친밖에 없사옵니다. 화친을 맺고 나라의 문을 여옵소서. 외국의 신문물을 받아들여 나라의 힘을 기르시옵소서. 지금의 굴욕은 꾹 참으셨다가 나중에 백 배 천 배로 갚으시면 되옵니다."

고종은 박규수의 조언을 받아들여, 신헌에게 화친을 맺으라는 명을 내렸다. 2월 27일, 조선의 전권대신 신헌과 일본의 전권공사 구로다 기요타카는 12개 조의 병자수호조약을 맺었다. 그리고 조선은 병자수호조약에 따라 나라의 문을 열게 되었다.

고종은 박규수를 불러 궁금한 점을 꼬치꼬치 캐물었다.

"전권대신 신헌에게 들어 보니 일본군의 무력이 엄청나더군. 우리나라와 별반 다르지 않던 일본이 최근 몇 년 사이에 이렇게 강한 나라가 된 바탕이 무엇인가."

"일본은 22년 전에 미국과 화친을 맺고 나라의 문을 열었사옵니다. 8년 전에는 국왕이 모든 권력을 쥐고 정치를 펼 수 있도록 제도를 죄다 뜯어고쳤사옵니다. 국왕은 서양 문물을 적극 받아들여 공장을 세우고 군대를 키우는 등 나라의 힘을 길렀사옵니다. 강화도에 온 신식 함대도 그 결과물 중 하나이옵니다."

"우리나라도 일본처럼 강한 나라가 될 수 있겠는가. 너무 늦은 것은 아닌지……."

"늦다고 깨달았을 때가 가장 빠른 법이옵니다. 우리나라도 서양 문물을 받아들이고, 주상 전하를 중심으로 정치를 뜯어고치면 일본에 버금가는 강국이 될 수 있사옵니다. 고작 8년 차이이옵니다."

고종은 박규수의 생각에 끌렸다. 고종은 왕이 앞장서 신문물

# 병자수호조약의 주요 내용

병자수호조약은 강화도에서 체결해 강화도 조약이라고도 한다. 모두 12개 조로 이루어져 있는데, 주요 내용은 다음과 같다.

제1조  조선은 자주국으로 일본과 평등한 권리를 가진다.
제5조  조선은 부산 외에 원산과 인천항을 20개월 이내에 개항한다.
제7조  조선은 일본의 해안 측량을 허용한다.
제10조  개항장에서 일어난 일본인 범죄 사건은 일본 법에 따라 처리한다.

제1조는 조선과 청나라의 관계를 끊어 조선에서 일본이 우위를 차지하겠다는 속셈이, 제5조는 일본이 조선과의 무역을 독점하겠다는 꿍꿍이가, 제7조는 상선과 군함의 안전 운항과 상륙 지점을 정탐하려는 속셈이 담겨 있다. 제10조는 치외법권을 인정한다는 내용으로, 조선의 사법 주권을 부인하고 있다. 이처럼 병자수호조약은 일본에 일방적으로 유리하고, 조선에는 불리한 불평등 조약이었다. 이후 외국 상품이 쏟아져 들어와 나라 경제가 어려워졌다.

강화도에서 협상 중인 조선과 일본 대표의 모습이다.

을 받아들이고, 왕에게 모든 권력이 집중되는 효율적인 정치 체제를 짜서 부강한 나라를 만들리라 다짐했다.

고종은 일본 사정을 보다 자세하게 알고 싶어 수신사 김기수를 일본에 보냈다. 김기수는 40일 동안 일본을 돌아보고 돌아와 일본이 어떤 신문물을 받아들였는지, 신문물이 어떻게 일본을 바꿨는지 고종에게 자세하게 보고했다. 특히 증기선과 철도, 공장이 일본을 어떻게 바꾸고 있는지, 대포와 소총으로 무장한 신식 군대의 위력이 어느 정도인지 그린 듯이 세세히 보고했다. 고종과 신하들은 놀라움을 금치 못했다.

수신사 김기수는 40일 동안 일본에 다녀왔다. 근대 한일 교섭의 시초로 이때 보고 들은 것을 적은 《일동기유》, 《수신사일기》는 일본에 대한 인식을 새롭게 하는 데 큰 역할을 했다.

김기수의 보고를 들은 고종은 신문물을 적극 받아들여 정치 개혁을 이루겠다는 결심을 굳혔다. 개화 정책에 속도가 붙었고, 김옥균을 비롯한 개화파는 개화 정책을 추진하는 중견 실무 관리로 자리잡아 갔다. 개화파에 대한 고종의 신임도 갈수록 두터워졌다. 바야흐로 개화파의 시대가 열리는 듯 보였다.

호사다마, 좋은 일에는 나쁜 일이 뒤따른다고 했던가. 개화파에 너무도 안타까운 일이 생겼다. 1877년 박규수가, 1879년 오경석이 잇따라 세상을 뜬 것이다. 언제 어디서나 늘 든든한 버팀목이 되어 주던 두 사람을 잃은 것은 개화파에게 너무나 큰 손실이었다. 개화파 원로는 이제 유홍기 하나 남았다.

1879년의 어느 날, 김옥균은 청계천 수표교 부근에서 한의원을 하는 유홍기를 찾아갔다.

"선생님, 우리들에게 가장 시급한 일이 무엇인지 일러 주십시오."

김옥균의 눈빛은 너무도 간절했다. 유홍기가 굳게 다물었던 입을 열었다.

"우리는 그동안 세를 불리는 데 급급했어요. 개화에 조금이라도 관심이 있는 사람은 누구나 받아들였지요. 그러다 보니 어느 순간부터 사교 모임처럼 되어 버렸어요. 결속력도 느슨하고, 긴장도 없고, 규율도 없는 지금 같은 사교 모임으로는 개화를 이룰 수가 없어요."

"선생님 말씀이 맞아요. 제 생각에도 우리 모임은 두 부류예요. 무슨 수를 써서라도 반드시 개화를 이루고야 말겠다는 쪽과 개화를 하면 좋지만 안 해도 그만이라는 쪽, 이렇게요."

"개화는 거스를 수 없는 세계적인 흐름이에요. 개화에 성공한 나라는 살아남고, 개화에 실패한 나라는 잡아먹혀요. 해도 그만, 안 해도 그만인 그런 게 아니지요. 우린 기필코 개화에 성공해 조선을 부강한 나라로 만들어야 합니다."

"개화에 목숨을 바칠 각오가 되어 있는 사람들만 걸러 낼 필요가 있겠군요."

김옥균이 단호히 내뱉자, 유홍기가 손을 저었다.

"그렇지 않은 사람들을 일부러 적으로 만들 필요는 없어요."

김옥균은 그동안 느슨하게 꾸려 온 개화파 모임은 그대로 둔 채 박영효, 박영교, 홍영식, 서광범, 서재필, 윤치호, 유길준 등 개화에 목숨을 바칠 각오가 되어 있는 청년 관리들을 따로 모아 비밀 결사를 만들었다. 김홍집, 어윤중, 박정양, 김윤식 등 개화에 관심이 있는 중견 관리들은 우호적인 세력으로 붙잡아 두었다. 또 개화와 개혁에 목숨을 바칠 각오가 되어 있는 군인과 장사, 하인, 궁녀, 내시 들을 모아 충의계를 만들어, 비밀 결사를 뒷받침하는 행동대로 삼았다.

한편 김옥균은 수신사 김기수가 일본을 다녀와서 쓴 《일동기

유》와 《수신사일기》를 구해 보고, 일본의 사정을 보다 깊이 알아야겠다고 마음먹었다. 김옥균은 1879년, 봉원사 승려인 이동인을 일본에 보내 일본에 대한 정보를 모으고, 개화파에 호의를 가진 일본의 정치가와 기업가, 군인 들을 찾아보도록 했다.

이동인은 불교계의 인연을 바탕으로 일본 사정을 수집하고 개화파에 호의적인 사람들을 알아본 뒤 돌아왔다. 이동인은 《만국사기》를 비롯한 일본 서적과 만화경, 성냥 등을 가져왔는데, 충의계원들을 교육하는 데 큰 도움이 되었다.

1880년, 김옥균의 오랜 벗인 김홍집이 두 번째 수신사로 일본을 찾았다. 병자수호조약을 맺은 후 불거진 여러 문제를 일본과 조율하기 위해서였다. 일본은 한양에 공사관을 두는 문제, 인천 개항을 앞당기는 문제, 조선의 쌀 수출 금지 조치를 푸는 문제 등을 제기했다. 조선도 병자수호조약 중 불평등한 조항, 즉 관세 자주권을 비롯한 통상 조항을 개정하고 싶었다. 하지만 일본이 김홍집이 조약 개정을 협의할 권한이 없다며 거부하는 통에 별다른 성과를 거두지 못했다.

하지만 김홍집은 일본 주재 청나라 공사관에 들러, 청나라가 어떻게 세계를 바라보며 외교 정책을 짜는지 자세하게 알아볼 수 있는 뜻밖의 기회를 잡았다. 김홍집은 청나라 참찬관 황쭌셴을 만나 나라 안팎 사정을 의논하고, 황쭌셴이 지은 《조선책략》과 정콴잉이 쓴 《이언》을 받아 왔다.

김홍집이 귀국했다는 소식을 듣자마자, 김옥균은 한달음에 아랫집으로 내달렸다.

"고생 많았지, 헉헉."

"고생은 무슨……. 재미있는 것 보느라 매일매일 즐거웠네."

김홍집은 이야기보따리를 구수하게 풀어냈다.

"인천에서 증기선을 타고 부산을 거쳐 10일 만에 도쿄에 도착했단 말씀이야. 증기선으로 가득 찬 부두를 보고 무슨 생각이 들었겠나?"

"대단하다?"

"아니야. 아무 생각도 들지 않아. 머릿속이 텅 빈다고 할까. 이건 철도와 기차를 처음 보았을 때도 마찬가지였네. 그림으로만 보던 걸 직접 눈으로 보면, 그 모습에 압도당해 아무 생각도 나지 않고 절로 입만 벌어져."

제2차 수신사 김홍집이 받아온 황쭌셴의 《조선책략》은 개화 정책을 놓고 개화파와 위정척사파가 충돌하는 계기가 되었다.

"기차를 처음 타 보니까……."

"군대에 가 보았더니……."

"대포가 어떻게 생겼냐 하면……."

김홍집이 쏟아 내는 이야기를 따라, 일본의 발전한 모습이 그림처럼 지나갔다. 김옥균은 당장이라도 일본에 가고 싶었다.

밤이 깊었다. 김홍집은 피곤한지 술잔을 앞에 놓고도 꾸벅꾸벅 졸았다. 김옥균은 마지못해 자리에서 일어났다. 김홍집은 졸린 눈을 비비며 책 한 권을 내밀었다.

"일본에서 가져온 《조선책략》이야. 읽어 봐. 재미있네."

김옥균은 집으로 돌아와 밤을 새워 《조선책략》을 읽었다. 큰 뼈대는 '시베리아 진출과 동방 정복에 힘을 집중하는 러시아를 막으려면 조선은 중국, 일본, 미국과 연합해 국력을 길러야 한다.'는 내용이었다.

며칠 뒤, 관리들에게 《조선책략》을 읽고 소감을 써내라는 어명이 내렸다. 이어 고종이 《조선책략》에 감명받아 중국, 일본, 미국과 손잡고 개화 정책을 밀어붙이려 한다는 소문이 돌았다. 이만손을 비롯한 영남의 재야 유생들은 연명으로 《조선책략》을 들여온 김홍집을 처벌하고 《조선책략》을 불사르라는 상소

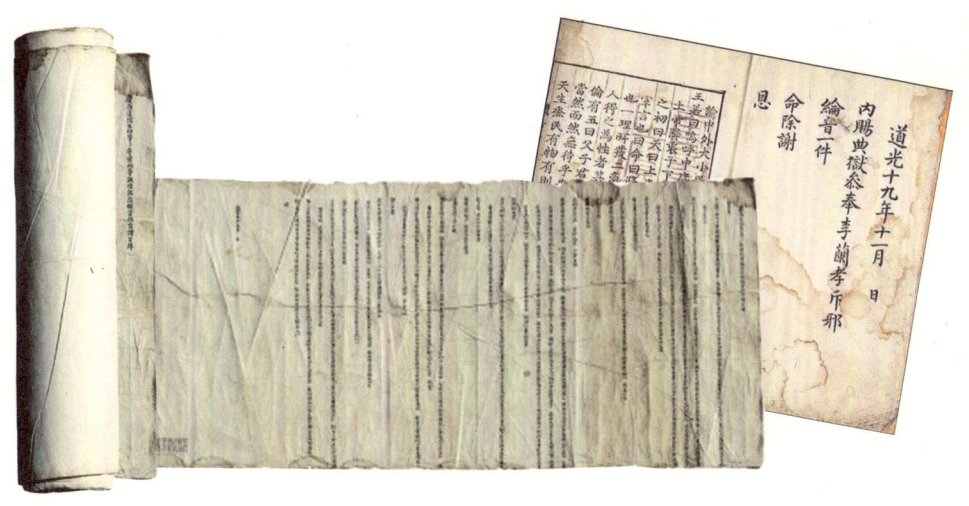

이만손을 비롯한 영남 유생들은 《조선책략》을 불사르고 김홍집을 처벌하라는 〈영남 만인소〉를 올렸다. 《조선책략》과 〈영남 만인소〉는 조선이 나아갈 바를 놓고 개화파와 위정척사파가 충돌하는 계기가 되었다. 왼쪽이 〈영남 만인소〉이고, 오른쪽이 유생들의 건의를 받아들인다는 고종의 비답이다.

문을 올렸다. 이른바 〈영남 만인소〉였다.

조정에서는 고종과 조정의 정책에 정면으로 맞선 이만손과 유생들을 유배 보냈다. 그리고 재야 유림의 반발을 무마하고자 김홍집도 함께 유배 보냈다. 김홍집이 유배 간 곳은 한양에서 가까운 김포였다. 처벌하는 시늉만 낸 것이다. 조선이 어떤 외교적 입장에 서야 하는지를 논한 책 한 권이 개화파와 위정척사파가 충돌하는 불씨가 되어 조선을 뒤흔들어 놓았다.

〈영남 만인소〉로 개화 정책에 제동이 걸리자, 고종은 김옥균을 불러 대책을 물었다. 고종은 벌써부터 김옥균을 종종 불러,

여러 가지 정치 문제를 논하고는 했다.

"유림과 충돌해 봤자 아무런 이득이 없사오니, 앞으로는 비밀리에 추진하옵소서."

"무슨 일부터 해야 할까?"

"우리나라에 맞는 개화 정책을 찾아내려면, 다른 나라의 경험을 깊이 있게 알아볼 필요가 있사옵니다. 일본과 청나라에 사신을 보내옵소서."

"청나라에 사신을 보내는 거야 문제없지만, 일본에 사신을 보내면 유림이 다시 들고일어날 텐데……."

"몰래 보내면 상관없사옵니다."

고종은 김옥균의 의견을 받아들여 청나라와 일본에 사신을 보냈다. 청나라에는 유학생들을 이끌고 가서, 무기 제조 기술을 배워 오라며 김윤식을 영선사로 보냈다.

일본에는 박정양, 어윤중, 홍영식, 조준영, 엄세영, 강문형, 조병직, 민종묵, 이헌영, 심상학, 이원회, 김용원 등을 조사 시찰단으로 보냈다. 유림의 눈을 피하려고 이들은 암행어사로 위장해 비밀리에 동래에서 모인 뒤, 일본으로 건너갔다.

김옥균은 조사 시찰단으로 일본에 가고 싶은 마음이 굴뚝 같

앗다. 하지만 개화 정책 전반을 점검하기 위해 국내에 남아야 했다. 김옥균은 이동인을 딸려 보내 일본의 협조를 얻는 걸 돕도록 했다. 조사 시찰단은 일본의 융숭한 대접을 받으며 정부 각 부처와 육군, 대포 공장, 세관, 철도, 기선, 산업 시설, 도서관, 박물관 등을 둘러보고, 4개월 만에 돌아왔다.

고종은 조사 시찰단의 자세한 보고를 받은 뒤, 곧바로 김옥균을 불렀다.

"일본의 경험을 보건대 개화 정책을 펴려면 큰돈이 들겠다. 어디에 얼마나 필요한지 내역을 뽑아 보고, 돈을 마련할 방도를 알아보라."

김옥균은 돈 쓸 곳을 하나씩 적어 내려갔다. 신식 군대인 별기군을 무장하고 훈련하는 비용, 별기군을 본으로 삼아 구식 군대를 신식 군대로 바꾸는 데 드는 비용, 대포와 소총을 구입하는 비용, 정부 기관을 다시 짜는 비용, 공장 설립 비용……. 도무지 끝이 보이지 않았다.

개화 정책을 펴는 데 들어가는 천문학적인 자금은 또 어찌 마련할지 묘안이 떠오르지 않았다. 이 궁리 저 궁리 해 보았다.

우선 세금을 더 많이 거두는 방법이 있다. 하지만 백성의 세

조사 시찰단은 일본에서 철도, 증기선, 산업 시설, 도서관, 박물관과 신식 군대를 직접 보고 고종에게 소상하게 보고를 올렸다. 그림을 통해서 증기선의 위용을 느낄 수 있다.

금 부담이 지금도 감당하기 힘들 만큼 무거운데 세금 종류를 늘려 더 거두면 백성들이 들고일어날지도 모른다. 그 다음 세금을 내지 않던 양반한테 세금을 물리면 재정 문제는 해결되지만, 양반들이 모반을 일으키기 십상이다.

그럼 외국에서 돈을 빌리는 것은 어떨까. 백성이나 양반의 반발을 피할 수 있어 좋은 방법처럼 보이지만, 외국이 빌려 준 돈을 빌미로 온갖 이권을 요구할 수 있으니, 이 또한 위험하다. 나아가 잘못하면 나라를 빼앗길 수도 있다. 게다가 정해진 기간이 지나면 원금과 이자를 갚아야 하는데, 무슨 수로 갚아 나갈지 생각해야 한다.

어짜피 위의 세 가지 방법 중에서 하나를 골라 마련할 수 밖에 없었다. 하지만 셋 다 만만치 않았다. 자칫하면 늑대를 피하려다 호랑이를 불러들이는 잘못을 저지를 수도 있었다.

김옥균은 백성들에게 세금을 더 물리는 방안은 아예 제쳐 두기로 했다. 백성을 살찌워 나라의 힘을 키우려고 택한 것이 개화인데, 목적과 수단을 혼동해서는 안 되었다.

김옥균은 양반에게 세금을 물리는 방안과 외국에서 돈을 빌리는 방안, 둘을 놓고 고민에 고민을 거듭했다.

김옥균은 외국에서 돈을 빌려 개화를 추진하는 쪽으로 생각을 모았다. 양반의 반발을 힘으로 누르려면 국왕과 조정의 힘이 강해야 했다. 하지만 지금은 그러하질 못했다. 우선 외국 돈으로 개화를 추진해 국왕과 조정의 힘을 키우고, 양반의 반발을 누를 만큼 힘이 강해지면 양반에게 세금을 거둬 외국에 빚을 갚으면 되었다.

문제는 빌린 외국 돈을 어디에 어떻게 효율적으로 쓰느냐가 무엇보다 중요했다. 산업을 일으키는 데 써야지, 국왕과 조정의 위엄을 높이는 데 써서는 안 되었다. 부강한 나라를 만드는 것보다 중요한 것은 없었다.

김옥균은 고종에게 자신의 생각을 아뢰고, 자신이 직접 일본에 가서 돈을 얼마나 빌릴 수 있는지 알아보겠다고 했다. 고종은 흔쾌히 승낙했다. 김옥균이 그리도 알고 싶던 개화한 일본의 모습을 볼 수 있는 날이 눈앞에 다가왔다.

# 7
# 아시아의 프랑스를 꿈꾸다

　1881년 11월, 김옥균은 하나부사 일본 공사와 함께 기선을 타고 부산으로 갔다. 이동인이 김옥균을 기다리고 있었다.

　"아무리 곱씹어 봐도 참으로 놀라워요. 무쇠로 만든 배가 어떻게 물 위에 뜰 수 있는지, 바람 한 점 불지 않는데 어떻게 쏜살같이 나아갈 수 있는지……."

　"겨우 기선 하나 보고 그리 놀라고 신기해하면 어떻게 해요. 일본에 가면 별별 신기한 것들이 얼마나 많은데……. 놀라서 까무러치지 않으려면 청심환 가져가세요."

　이동인이 짓궂은 웃음을 지으며 말했다.

---

1882년, 구식 군인과 노점상들이 열악한 처우와 개화 정책으로 세금이 더 무거워지자, 임오군란을 일으켰다. 분노한 구식 군인과 노점상들은 일본 공사관과 민씨 일족을 습격했다. 그림은 구식 군인들이 습격하자, 일본 공사관원들이 달아나는 모습이다.

"나는 온몸이 간담이라 청심환 한두 알로는 효력이 없는데……. 헌데, 부산이 이렇게나 변화한 곳이었어요?"

너스레를 떨던 김옥균의 눈빛이 날카로워졌다.

"일본에 개항한 지 벌써 5년이 흘렀어요. 일본이 부두와 길도 넓히고, 영사관, 병원, 우체국, 은행을 지으면서 아예 일본인 마을이 되었다니까요."

이동인은 본원사라는 일본 절로 김옥균을 데리고 갔다.

"어서 오십시오, 김옥균 선생."

본원사 주지인 오쿠무라는 이동인을 통해 이미 김옥균에 대해 많은 걸 알고 있었다.

"도쿄에 가시면 후쿠자와 유키치 선생을 만나 보십시오. 후쿠자와 선생은 학계는 물론 정계와 재계에 발이 넓으셔서, 김 선생에게 많은 도움을 주실 겁니다."

오쿠무라는 김옥균에게 소개장을 써 주었다. 이동인도 일본에 몇 차례 드나들면서, 후쿠자와를 만나 개화파와 김옥균에 대해 이야기를 건네 놓았다. 하지만 후쿠자와의 도움을 보다 확실하게 이끌어 내려면 오쿠무라를 통하는 게 더 나았다.

1882년 2월, 김옥균은 일본의 옛 도읍지인 교토에 도착해 본원사를 찾았다. 오쿠무라의 기별을 받고 김옥균을 기다리던 본원사 주지는 곧바로 후쿠자와에게 연락했고, 후쿠자와는 비서를 보내 김옥균을 도쿄로 안내했다. 3월 6일, 김옥균은 도쿄에 도착해 후쿠자와를 만났다.

'일본 문명 개화의 아버지'인 후쿠자와 유키치는 일찍이 서양 학문을 공부하고, 스물네 살 때인 1858년, 도쿄에 '난학숙'이라는 학교를 세워 서양 학문을 가르쳤다. 이 학교는 1868년 메이지 유신으로 연호가 게이오로 바뀌자, 메이지 유신을 적극 지지한다는 뜻을 담아 '게이오기주쿠'로 이름을 바꾸었는데, 나중에 게이오기주쿠 대학교로 발전했다.

후쿠자와는 1860년에 홀로 미국에 다녀왔고, 1862년에는 바쿠후 사절단에 참여해 영국, 프랑스, 독일, 네덜란드, 포르투갈, 러시아를 다녀왔다. 서양의 정치, 경제, 제도, 문화를 알기 쉽게 소개한 자신의 저서 《서양사정》을 통해 일본의 문명 개화를 주장해 몇 차

일본 문명 개화의 아버지 후쿠자와 유키치는 문명 개화를 통한 부국강병과 여성의 지위 향상, 동양 평화를 제창했다.

이노우에 가오루는 일본의 정치가이자 외교가로, 1876년 구로다 기요타카와 함께 강화도로 와 병자수호조약을 체결했다. 후쿠자와 유키치의 소개로 김옥균과 만나 개화 정책을 펴는 데 필요한 차관을 주선하는 등 친분이 두터웠다. 1884년에는 전권대사로 갑신정변 뒤처리를 마무리하는 한성조약을 체결했다.

레나 암살 위험을 겪었다.

특히 정치 제도를 의회주의로 개혁해 나라의 힘을 하나로 모으고, 대중을 교육하고 힘을 길러, 서양 열강의 침략에 맞서 독립을 지켜야 한다는 주장은 정치가와 군인, 기업가, 지식인들에게 커다란 영향을 미쳤다.

김옥균은 낮에는 일본의 발전한 모습을 꼼꼼히 살펴보고, 밤에는 후쿠자와의 소개로 고토 쇼지로와 이노우에 가오루 등 일본의 여러 정치가들을 만났다.

일본은 나라의 문을 열고 서양 문물을 적극 받아들여 하루가 다르게 발전하고 있었다. 기계로 움직이는 공장들이 물품을 쏟아 냈고, 일자리가 크게 늘어 굶어 죽는 사람들이 줄었다. 부족한 먹을거리는 외국에서 수입했다. 외국과의 무역으로 큰돈을 버는 무역업자들도 많았다. 돈과 물자가 풍족해지자, 철도도 놓고 도로도 넓혔다. 번화가에는 웅장한 서양식 건물이 비 온

기계로 움직이는 일본 부강 제사 공장의 활발한 모습을 그린 우타가와 구니테루의 〈상주부강제사장도〉이다.

뒤 죽순처럼 들어섰다.

대포와 소총 등 최신 무기로 무장한 군대의 위력은 정말 대단했다. 김옥균은 먼저 일사불란하게 움직이는 군대의 훈련 상태에 놀랐고, 그 다음 대포와 소총의 엄청난 화력에 놀랐다. 무엇보다 기선과 철도, 도로 위를 빠르게 움직이는 일본군의 기동력은 정말 혼을 쏙 빼놓았다. 놀라움은 곧 부러움으로, 부러움은 곧 두려움으로 변했다.

후쿠자와와 일본 정치가들은 자신감이 넘쳤다. 일본 국민들도 문명 개화를 통해 부국강병을 이루자는 정부와 관리들을 지지했다. 지식인들은 새로운 사상으로 국민들을 일깨웠고, 유능한 정치가들은 국민의 힘을 효율적으로 묶어 세웠다.

후쿠자와는 일본을 아시아의 영국에 종종 빗대었다. 세계 최강 영국을 본으로 삼아 일본이 아시아 최강, 아니 세계 최강으로 우뚝 서겠다는 생각을 품고 있었다. 김옥균은 후쿠자와의 이야기를 들을 때마다 이를 악물고 다짐했다.

'일본이 아시아의 영국이 되겠다면, 우리 조선은 아시아의 프랑스가 되어 주마!'

프랑스는 영국에 버금가는 강대국이었다. 영국과 프랑스는 더 많은 식민지를 차지하려고 세계 곳곳에서 맞부딪쳤다. 영국이 해군이 강하다면, 프랑스는 육군이 강했다.

'일본이 영국을 본떠 해군을 키운다면 조선은 프랑스를 본떠 육군을 키우겠다. 일본이 영국의 입헌 군주제를 본뜬다면 조선은 프랑스의 제정과 공화정을 본뜨겠다.'

김옥균은 조선을 세계에서 국민의 권리를 가장 잘 보장하는 나라로 만들겠다고 마음먹었다.

한편 김옥균은 제아무리 일본 정치가들이 자신을 환대해도 조선을 노리는 탐욕스런 마음이 깔려 있다는 걸 꿰뚫어 보았다.

조금만 방심해도 순식간에 잡아먹힐지 몰랐다. 김옥균은 일본에 어떤 빌미도 주지 않으려 몸과 마음을 바짝 다잡았다.

재주는 곰이 부리고 돈은 주인이 챙기는 법이다. 갖은 수를 써서 일본을 재주 부리는 곰으로 만들고, 조선은 돈을 챙기는 주인이 되어야 했다. 청나라와 일본 사이에서 최대한 이득을 얻어야 했다.

김옥균은 시간이 많지 않다고 보았다. 길어야 10년에서 20년이었다. 일본이 청나라에 맞설 만큼 힘이 커지면, 틀림없이 야욕의 이빨을 드러낼 터였다. 그때까지 개화를 이루지 못하면, 조선의 앞날은 어찌 될지 몰랐다.

'앞으로 10년 동안 어떻게 하느냐에 따라, 우리 조선의 운명이 달라질 것이다.'

김옥균은 온몸으로 일본의 발전한 모습을 보고 느끼면서, 개화에 대한 생각을 더욱 굳건히 다졌다.

1882년 6월, 김옥균은 도쿄를 떠나 귀국길에 올랐다. 후쿠자와는 김옥균이 보다 편안하게 조선으로 돌아갈 수 있도록 비서를 보내 김옥균을 도왔다. 시모노세키에 도착했다. 김옥균은 바다가 한눈에 들어오는 여관에 묵었다. 저 바다를 건너면 조선

땅 부산이었다. 후쿠자와의 비서는 배편을 알아본다며 항구로 나갔다.

얼마 후, 누군가 방문을 세차게 두드렸다. 후쿠자와의 비서였다. 비서는 말없이 신문을 내밀었다. '조선군, 일본 공사관 습격 방화'라는 기사가 대서특필되어 있었다. 구식 군인들과 노점상들이 일본 공사관을 습격해, 하나부사 공사가 가까스로 탈출했다는 내용이었다. 또 난을 일으킨 자들이 고관대작들을 살해하고 왕비를 죽이려고 경복궁으로 쳐들어갔는데, 왕비의 생사는 알 수 없다는 내용도 있었다.

도대체 누가, 왜 이런 일을 일으켰는지 궁금했다. 김옥균은 후쿠자와의 비서에게 자세한 사정을 알아봐 달라고 부탁했다.

"군인들이 나쁜 대우에 불만을 품고 반란을 일으켰대요. 군인들은 뒤탈이 무서워 흥선 대원군을 찾았고, 대원군이 군인들을 등에 업고 권력을 잡았다는군요."

'대원위 대감이 정권을 잡았다면, 그동안 추진한 개화 정책을 죄다 무효로 돌릴 텐데……. 절대로 안 될 일이야.'

김옥균은 마음이 다급해졌다.

"당장 돌아가야겠네. 배편 좀 알아봐 주게."

임오군란을 피해 일본 나가사키에 도착한 하나부사 공사 일행이다. 두 번째 줄 한가운데가 하나부사 공사이다.

"배편은 모두 끊겼습니다."

"군함이라도 알아볼 수 없겠나?"

마침 하나부사 공사 일행이 일본 공사관을 습격하고 방화한 책임을 묻겠다며, 호위 군사 천 5백 명과 함께 군함을 타고 조선으로 출발한다고 했다. 김옥균은 하나부사 공사의 도움으로 일본 군함을 타고 6월 29일, 인천으로 돌아왔다.

김옥균이 일본 공사와 함께 돌아왔다는 소식을 들은 흥선 대원군은, 김옥균이 한양으로 돌아오는 즉시 체포하라는 명령을 내렸다.

　박영효와 서광범은 몰래 한양을 빠져나와 인천으로 향했다. 김옥균이 아무것도 모른 채 한양으로 돌아오다 붙잡히면 처형당할지도 몰랐다. 하지만 두 사람은 김옥균을 만날 수 없었다. 김옥균은 청나라 군대가 흥선 대원군을 납치했다는 소식을 듣고, 이미 한양으로 떠난 뒤였다.

　왕비 민씨는 임오군란을 일으킨 군인들이 경복궁으로 쳐들어오자, 궁녀로 변장해 궁궐에서 빠져나갔다. 민비는 장호원에 있는 민응식의 집에 숨어 지냈다. 정권을 다시 잡은 흥선 대원군은 구식 군인들과 백성들의 불만을 사 온 개화 정책들을 모두 폐지했다. 그리고 왕비를 처단할 것을 요구하며 해산하지 않는 일부 군인들을 달래려고 민비의 국상을 선포했다.

　하지만 이대로 권력을 내놓을 민비가 아니었다. 민비는 청나라 톈진에 있던 영선사 김윤식에게 청나라에 구원병을 요청하라는 전갈을 보냈다. 청나라는 민비를 도와 흥선 대원군을 없애면, 조선에서 청나라의 영향력을 높일 수 있다고 보았다. 마건충과 오장경, 정여창이 이끄는 청군 4천 5백 명이 7월 7일, 경기도 남양에 상륙했다.

1882년 7월 7일, 청나라는 왕비 민씨의 파병 요청을 받아들여 군사 4천 5백 명을 조선에 보냈다. 사진은 임오군란을 진압하기 위해 한양에 들어온 청군 지휘부의 모습이다.

 마건충 일행은 7월 13일에 흥선 대원군을 찾아가, 집권을 인정하는 듯한 태도를 보였다. 청나라의 인정을 받았다고 생각한 흥선 대원군은 청나라 진영을 찾아 군사들을 위로했다. 세 사람은 그 길로 흥선 대원군을 붙잡아, 군함에 실어 톈진으로 보냈다. 34일 만에 흥선 대원군은 다시 권좌에서 밀려났다.

 청나라 군대는 구식 군인들이 모여 사는 왕십리와 이태원으로 출동해 대포와 소총을 쏘며 힘을 과시했다. 그리고 군란에 가담한 군인과 노점상 170여 명을 체포해 처형하는 만행을 서슴없이 저질렀다.

청나라 군대는 흥선 대원군을 납치해 톈진으로 보냈다. 흥선 대원군은 청나라에서 4년을 지냈다. 사진은 청나라 복식을 입은 흥선 대원군의 모습이다.

김옥균은 한양으로 돌아오자마자 경복궁으로 들어가 고종을 알현했다. 고종의 얼굴은 고생이 심해서인지 꽤나 수척했다.

"주상 전하, 상심 마옵소서."

"그동안 고초를 겪다 보니 공의 빈자리가 얼마나 큰지 새삼 느꼈다."

고종이 김옥균을 가까이 불러 손을 잡았다.

"성은이 망극하여이다."

나라가 힘이 없어 국왕이 고초를 겪는다고 생각하니 갑자기 눈물이 팽 돌았다. 김옥균은 눈물을 쏟으며 고종에게 한 마디 한 마디 힘을 주어 맹세했다.

"소신, 목숨 바쳐 전하의 크나큰 사랑에 보답하겠사옵니다."

편전을 나오자 홍영식이 다가왔다.

"청나라 군사들이 왕십리를 포격해, 아무 죄 없는 백성들까지 큰 피해를 입었다네."

"힘없는 나라, 가련한 백성들이야."

마음이 천근만근 무거웠다. 김옥균은 한숨을 내뱉았다.

며칠 뒤, 장호원에 피신해 있던 왕비 민씨가 한양으로 돌아왔다. 김옥균은 친척을 끌어들여 나라를 이 꼴로 만들어 놓고도, 위풍당당하게 입궐하는 민비를 보며 이를 갈았다.

'권력을 놓치지 않으려고 남의 나라 군대를 끌어들여 놓고,

무얼 잘했다고 위세를 떠는가.'

청나라 군대는 임오군란을 진압하고 나서도 돌아가지 않았다. 돌아가기는커녕 용산에 진영을 튼튼하게 꾸리고 아예 눌러 앉았다. 하지만 왕비 민씨와 일가친척들은 청나라 군대가 주둔하는 것을 문제 삼지 않았다. 오히려 자기들을 구해 준 은인이라 여기며, 청나라에 더더욱 기대기 시작했다. 청나라가 요구하는 것은 어지간하면 다 들어주었다.

청나라가 이 좋은 기회를 놓칠 리 없었다. 청나라는 기회를 틈타 나라의 문을 연 후 입은 손해를 조선에서 메우려고 했다. 청나라는 마건충의 동생 마건상을 외교 고문으로, 독일인 묄렌도르프를 재정 고문으로 삼도록 조선에 압력을 가했다. 조선의 외교와 재정을 손에 넣어, 조선에 대

청나라 군대를 끌어들여 임오군란을 진압한 왕비 민씨는 청나라 군대를 권력의 든든한 버팀목으로 삼으려고 온갖 이권을 청나라에 넘겼다. 프랑스 화가가 그린 민비의 초상화이다.

한 종주권을 확고하게 다지겠다는 속셈이었다.

마건상과 묄렌도르프는 한 나라의 주권 중 가장 중요한 외교와 재정, 두 축을 틀어쥐고 종주국 행세를 하며 사사건건 간섭했다. 조선이 미국을 비롯한 여러 나라와 외교 관계를 맺도록 압력을 넣었고, 청나라에만 유리한 '조청상민수륙무역장정'을 체결하도록 강요했다.

이제 청나라 상인들은 조선에서 마음대로 장사할 수 있게 되었다. 청나라 상인들이 물밀듯이 조선으로 몰려들었고, 청나라 군대와 민씨 정권을 등에 업은 청나라 상인들에게 조선 상인들은 상대가 되지 않았다. 조선은 날이 갈수록 청나라의 종속국이 되어 갔다.

# 청나라의 조선 속방화 정책

청나라는 1842년 아편 전쟁에서 영국에 진 뒤로, 서양 열강의 침략과 수탈로 엄청난 피해를 보았다. 18세기까지 세계에서 가장 부유하던 대국 청나라가 50년도 채 안 되어 열강들의 놀이감으로 굴러떨어진 것이다.

### 청나라가 입은 손실

1840년 아편 전쟁에서, 영국 해군의 함포 사격을 받은 청나라 함대가 불에 타고 있다.

아편 전쟁 배상금만 해도 엄청났다. 청나라가 물어 준 돈만 전쟁 배상금 천 2백만 원, 몰수한 아편 보상금 600만 원, 청나라 상인의 부채 300만 원, 모두 합쳐 총 2천 백만 원이나 되었다. 지금 돈으로 따지면 1조 2222억 원인데, 물가 상승률까지 치면 6조 원이 넘는 거액이다.

이어 1856년, 청나라는 애로호 사건으로 영국에 800만 원을 물어 주었는데, 지금 돈으로 4656억 원, 물가 상승률까지 치면 2조 원이 넘는다.

외국과의 교역으로 청나라가 입은 손실은 몇 배나 더 컸다. 열강들은 값비싼 비단, 도자기, 차를 헐값에 사 갔고, 공장제 면제품, 설탕, 커피, 석유 같은 서양 물건은 비싸게 팔았다. 흑자를 보던 무역은 순식간에 적자로 바뀌었다.

게다가 열강들이 총칼로 아편 유통을 합법화하면서 청나라는 이중으로 피해를 보았다. 아편은 중국인들의 건강과 정신을 좀먹었다. 한창 일할 사람들이 아편에 취해 일손을 놓았고, 아편을 사려고 논밭을 팔고, 집을 팔고, 처자식을 파는 사람들이 늘어 갔다.

중국은 이제 더 이상 세계의 중심이 아니라, 변두리 촌구석이 되었다. 중국이 세계의 중심이라는 자존심도 형편없이 구겨졌다.

### 문제는 돈

청나라는 이를 갈았다. 서양의 발달한 과학 기술을 들여와 공장을 짓고 신식 군대를 길러, 서양 열강들에게 복수하고자 했다. 청나라 황제 동치제는 서양의 과학 기술을 들여오는 데 온 힘을 쏟았다.

하지만 문제는 돈이었다. 서양의 최신 과학 기술을 들여오려면 어마어마한 돈이 필요했다. 백성들에게 세금을 더 거두면 되지만, 분노한 백성들이 난을 일으키기 십상이었다. 청나라는 밖으로 눈을 돌려 돈을 마련하기로 했다. 청나라가 노린 곳은 전통적인 속국인 조선과 베트남이었다.

### 속방화 정책

조선은 청나라를 종주국으로 섬기면서 해마다 몇 차례씩 사신을 보내 조공을 바쳤다. 청나라에 조공을 바치니 조선이 손해 보는 것 같았지만, 조공품의 몇 배나 되는 답례품을 받았기 때문에 실제로는 엄청 남는 장사였다. 그래서 청나라와 조선은 청나라에 보내는 사신의 횟수와 규모를 놓고 줄다리기를 벌였다.

하지만 1880년대에 이르자 상황이 180도 달라졌다. 청나라는 임오군란을 진압한 이후, 종주국임을 내세워 조선의 외교와 내정에 간섭했다.

청나라 북양대신 이홍장은 미국, 영국, 프랑스, 독일, 러시아 등 서양 열강과 통상 수호 조약을 맺도록 조선에 압력을 넣었다. 강화도 조약 이후 조선에 대한 영향력을 키우고 있는 일본을 견제하려는 속셈이었다.

한양에 주둔한 청군 사령관은 조선 총독이라도 되는 양 거들먹거리면서, 민씨 정권을 뒤에서 움직였다. 민비와 그 일파는 청나라의 명령은 무조건 따르는 굴욕적인 자세를 보였다. 또한 마건상과 묄렌도르프를 외교와 재정 고문으로 삼도록 압력을 넣었다.

청나라가 조선의 내정을 마음대로 주무르는 것을 풍자한 그림이다.

제아무리 훌륭한 정책일지라도 이들이 동의하지 않는 한, 조선 정부는 시행할 수 없었다.

청나라가 정책을 보는 잣대는 단 하나, 청나라에 이익이 되는지 아닌지였다. 또 목적도 단 하나, 조선에서 더 많은 부를 빼앗아 청나라로 보내는 것이었다.

### 조청상민수륙무역장정

청나라는 임오군란을 진압한 후, 1882년 8월 23일 조선과 '조청상민수륙무역장정'을 체결했다.

조선에 대한 청나라의 종주권을 밝히면서 시작하는 이 조약문의 내용은 첫째, 청나라 상인은 한양에 가게를 열 수 있고 둘째, 여행 증명만 있으면 어디에서든 장사할 수 있으며 셋째, 국경에서 무역하는 물품에는 5퍼센트의 관세만 매기고 넷째, 청나라 기선은 조선 전역에 기항할 수 있고 다섯째, 청나라 어민은 조선 연안에서 아무런 제한 없이 고기를 잡을 수 있었다. 청나라 사람이 범죄를 저지르더라도 조선 정부에서 재판하지 못한다는 치외법권 조항은 당연히 포함되어 있었다.

조선의 권리는 무시한 채 청나라의 특권만 일방적으로 인정한 불평등 조약이었다. 조선 정부는 청나라 군대의 압력으로 비준 절차조차 밟지 못한 채 즉각 시행해야 했다.

### 무너지는 조선 경제

청나라 상인들이 물밀듯이 밀려 들어왔다. 청나라 상인들은 비단과 서책 같은 전통적인 교역품은 물론, 영국제 면제품을 비롯한 각종 서양 물건들을 들여와 팔고, 금, 은, 인삼, 쌀, 콩, 쇠가죽 등을 실어 갔다. 법을 지키며 장사해야 하는 조선 상인들이 법을 무시하고 장사하는 청나라 상인들을 이길 수는 없었다.

청나라와 조선의 무역액은 1885년 31만 원에서 1894년 247만 7천 원으로 늘어났다. 조선 전체 무역에서 청과의 교역량이 차지하는 비중도 15퍼센트에서 30퍼센트까지 높아졌다.

조선으로 몰려온 청나라 상인들은 한양, 인천, 평양 등지에 차이나타운을 만들었다. 이들 차이나타운은 1895년 청일 전쟁에서 청나라가 패배한 뒤에도 크게 번성했다. 인천의 차이나타운은 자장면과 짬뽕을 개발해 색다른 외식 문화를 이끈 것으로 유명하다.

자장면을 처음 개발한 인천 차이나타운의 화교 식당인 공화춘이다.

# 漢城旬報

統理衙門博文局

第一號

朝鮮開國四百九十二年
癸未十月初一日

## 旬報序

禹貢示象周官辨土要荒之外蕃不及焉蓋以山川限隔書軌不同匪可德孚而力致此先王所以不勤遠畧也今風氣漸關智巧日長輪舶馳驟環瀛電線聯絡四土至於定公法修聘問簽港埠通交易而窮髮雕題蘭芳橡面無殊聯壤事變物類幻詭百出車服器用技巧萬端固罄心世務者所不可不知也玆以我朝廷開局設官廣譯外報幷載內事頒示國中俾分列國名曰旬報以之廣開見辨衆惑樺商利中西之官報申報郵便受副其義一也守內之方位鎭墬政令法度府庫器械貧富飢饉與夫人品之臧否物值之低昻撫賣條欵可以燭照鏡考而襃貶勸懲之義又未嘗示行乎其間也雖然覽者驚遠好近則是市步而失故者也味新膠舊則是井觀而自大者也其必度時審勢勿流取捨可否必求諸道不失其正然後庶乎開局之本音也歟

## 內國紀事

諭音奉錄

八月初六日奉 旨行護軍尹守華授江原監司欽錄

議政府啓

同月初八日左議政金炳國所啓灣關守令另加愼擇新鑄當五錢公私所需無碍行用事謹 啓

苔曰知道

中國光緒九年

## 8
# 시간은 기다려 주지 않는다

1882년 9월, 고종은 김옥균을 불렀다.

"이번 군란으로 피해를 입은 일본과 제물포 조약을 맺었지만, 우리나라에 너무 불리한 내용이 많다. 수신사로 일본에 가 조약 내용을 다시 협의하도록 하라."

"아뢰옵기 황송하오나 소신보다는 금릉위가 더욱 어울리옵니다. 금릉위를 정사로 삼고, 김만식과 서광범을 부사와 종사관으로 삼으시옵소서."

"경은 일본 사정에 밝으니, 고문 자격으로 함께 가 금릉위를 도우라."

개화파는 한성부에 신문을 발행하는 박문국을 두어, 백성들에게 개화와 개혁의 큰 뜻을 알리고 일깨우려 했다. 하지만 민씨 일족은 박문국을 외부아문 아래로 돌려 개화파의 계획을 방해했다. 사진은 박문국에서 열흘 간격으로 발행하던 조선 최초의 신문인 〈한성순보〉이다.

민영익은 민태호의 아들로, 민태호, 민응식, 민영목과 함께 민씨 척족의 네 우두머리 중 하나였다. 1882년, 비공식 사절로 수신사 박영효와 동행하면서 김옥균, 박영효, 서광범 등 개화파 인사들을 감시했다. 1883년, 보빙사로 홍영식, 서광범, 변수 등과 함께 미국에 갔다 조선인 최초로 세계를 일주했다.

금릉위는 철종의 사위인 박영효에게 내려진 벼슬 이름이다. 김옥균은 수신사 일행에 동지인 변수도 포함시켰다. 민씨 일족은 같은 패거리로 보이는 김옥균, 박영효, 서광범, 변수 등이 함께 일본에 간다는 소식에 민영익을 보내 이들을 감시하도록 했다.

김옥균은 일본을 다녀온 지 3개월 만에 다시 일본 땅을 밟았다. 김옥균은 후쿠자와의 소개로 인연을 맺은 이노우에 가오루를 찾았다. 이노우에는 일본의 외교 실무를 총괄하는 외무경을 맡고 있었다.

"제물포 조약은 조선에는 너무 무겁습니다. 자칫 반일 감정이 높아져 조선과 일본의 우의가 훼손될까 걱정입니다."

"선생의 말대로 무거운 것도 사실입니다. 하지만 조선을 정벌해 본때를 보이자는 강경파의 주장을 무마하려면, 이 정도는 담을 수밖에 없었습니다."

"우리나라는 가난합니다. 피해자 유가족에 대한 보상금 5만 원과 일본 정부에 대한 배상금 50만 원 중 1년차 10만 원, 이렇게 합쳐 총 15만 원을 당장 지불할 수가 없습니다."

"이를 어쩐다? 이 사실을 알면 강경파가 옳다구나 하며 난리를 부릴 텐데……."

이노우에는 잠시 생각에 잠겼다.

"일본 정부가 보증을 서는 조건으로 요코하마 쇼킹 은행에서 17만 원을 빌리면 어떻겠소?"

빚을 내어 빚을 갚으라는 이야기였다. 차관 이자만큼 고스란히 손해를 보겠지만 어쩔 수 없었다. 사신단이 머무는 동안 쓸 돈조차 못 가져온 판국이었다.

김옥균은 박영효 등 일행에게 이노우에의 제안을 알렸다. 여러 이야기가 오고 간 끝에 일행은 차관 17만 원을 얻어 보상금 5만 원과 1년차 배상금 10만 원을 지불하고, 남은 2만 원은 수신사 일행의 체류 비용으로 쓰기로 했다.

얼마 후, 수신사 일행은 귀국길에 올랐다. 하지만 김옥균은 일본에 남았다. 앞으로 4년 동안 갚아야 할 배상금 40만 원도 구하고, 개화 정책을 펴는 데 필요한 자금도 만들어야 했다.

수신사 박영효 일행은 조선을 상징하는 국기를 만들어 숙소에 걸었다. 국기에는 우주 만물의 근원을 뜻하는 태극을 가운데에 두고 주변에 팔괘를 그려 넣었다. 사진은 1883년, 주한 미국 공사 푸트를 따라 조선에 온 주이가 미국으로 돌아가면서 들고 간 태극기이다.

김옥균은 다시 이노우에를 찾았다.

"내년부터는 어떻게 하실 생각이오?"

"별 뾰족한 수가 없어 고민입니다그려."

"일본 정부에 보증을 서 달라고 하여, 은행에서 차관을 얻으면 어떻겠습니까?"

"얼마나 얻을 수 있을까요?"

"300만 원은 가능할 듯싶습니다만……."

"300만 원이오?"

300만 원이라면 당시 일본 정부 예산의 6퍼센트, 조선 예산의 4분의 1, 즉 25퍼센트에 버금가는 큰돈이었다. 이 돈만 있으면 개화 정책을 펴는 데 모자람이 없었다.

"조건이 있소."

이노우에의 말에 김옥균은 바짝 긴장했다.

"조선 국왕의 위임장이 필요하오."

김옥균은 1883년 3월, 서둘러 조선으로 돌아왔다. 6개월 만에 돌아온 조국의 산천은 변함없었지만, 세상은 완전히 뒤바뀌어 있었다.

민씨 일족이 민비와 청나라를 등에 업고 정부 조직을 다시 짠 후, 중요한 자리를 죄다 차지했다. 같은 패거리가 아니면 제아무리 능력이 있어도 한직으로 내몰았다. 수신사로 일본에 갔다 온 금릉위 박영효조차 정2품 한성 판윤으로 내몰렸으니, 다른 사람들은 말할 나위조차 없었다.

김옥균은 귀국하자마자 고종에게 보고했다. 고종은 수고했다며 김옥균의 어깨를 두드려 주었다.

"일본과 교섭하려면 공식 직함이 필요할 터인데……."

"최근 일본 어민들이 우리 해안에서 고래를 잡고 있다 하옵니다. 소신에게 고래잡이 허가권을 주신다면, 교섭에 유리하리라 보옵니다."

고종은 김옥균에게 외아문 참의에다 포경사 겸 동남제도개척사라는 벼슬을 내려 힘을 실어 주었다.

그날 밤, 김옥균은 개화파들을 은밀히 모이도록 했다. 청나라의 내정 간섭과 민씨 일족의 전횡에 맞서, 개화파가 할 일을 결정해야 했다.

먼저 박영효가 이야기를 꺼냈다.

"더 이상 민씨 일족이 나라를 어지럽히는 것을 두고 볼 수 없소. 민씨 일족을 도륙 내지 않으면, 이제까지 쌓아 온 우리의 노력이 물거품이 되고 말 거요."

박영효는 한성 판윤으로 부임한 후, 박문국을 두어 신문 발간을 준비했다. 또 신식 경찰 제도를 도입해 포도청 대신 순경부를 두었고, 치도국을 설치해 도로를 넓히는 등 여러 가지 개화 정책을 폈다.

하지만 민태호를 비롯한 민씨 일파의 반대로 개화 정책은 갈

수록 흐지부지되었다. 심지어 온갖 추문을 만들어 내, 박영효를 무능하고 부패한 인물로 모함까지 했다.

"이 자리에서 오가는 이야기들이 탁상공론에 그치지 않으려면, 민씨 일파가 기대고 있는 청나라 군대를 우리가 과연 상대할 수 있는가 하는 문제부터 풀어야 합니다."

김옥균의 말에 서광범이 덧붙이며 나섰다.

"임오군란 때 들어온 청나라 군대 4천 5백 명 중 천 5백 명은 철수했고 3천 명이 남아 있어요. 단순하게 계산해 일대일로 붙는다 해도 군사 3천 명이 필요합니다. 과연 비밀을 지키면서 우리가 군사 3천 명을 길러 낼 수 있을까요?"

서광범의 조카 서재필이 나섰다.

"무슨 수를 쓰더라도 길러 내야지요. 길러 낼 수 없다고 포기할 겁니까?"

박영효가 고개를 끄덕이며 말했다.

"나뭇잎은 수풀 속에 감추는 법입니다. 동지들이 장악하고 있는 지방의 관군을 신식 무기로 무장하고, 청나라 군대에 버금가도록 훈련시키면 가능할지도 모릅니다."

홍영식이 물었다.

"엄청난 돈이 들 텐데, 그 돈을 어디에서 구합니까?"

김옥균이 대답했다.

"어떻게 해서든 예산을 따 내야지요."

이날 모임에서 개화파는 네 가지를 결정했다.

첫째, 지방 군대 중 개화파가 장악한 데는 신식 군대로 개편해 거사에 필요한 무력으로 삼는다. 우선 동지인 윤치호의 아버지 윤웅렬이 지휘하는 함경도 북청의 관군을 신식 군대로 길러 낸다. 박영효도 한성 판윤에서 경기도 광주 유수로 자리를 옮겨 휘하 군사를 신식 군대로 길러 낸다. 북청군과 광주군, 두 곳의 군대를 거사의 주력으로 삼는다.

둘째, 젊은이들 중에서 능력 있는 이들을 뽑아, 나랏돈으로 일본에 유학을 보내 신문물을 배워 오도록 한다. 앞으로 이들은 거사의 핵심 역할을 맡는다.

셋째, 신문을 발행해 백성들을 일깨운다. 아울러 신문을 통해 거사의 대의를 널리 알려 지지 세력을 넓히고, 조직으로 묶는다. 신문은 박영효가 한성부에 둔 박문국을 외아문 아래에 두어 내도록 한다. 신문은 매일 발행할 수 있는 여건을 마련할 때까지 10일 간격으로 펴낸다.

재정 고문인 묄렌도르프와 당오전이다.

　넷째, 군대를 기르고 신문을 발행하는 데 필요한 자금은 일본에서 차관을 얻는다. 백성들에게 세금 부담을 더 지우는 것은 개화에 대한 반감만 키울 뿐이다.

　하지만 일본에서 차관을 얻어 내는 일은 쉽지 않았다. 외교 고문인 마건상과 재정 고문인 묄렌도르프가 차관 계획에 제동을 걸었다. 민태호와 민영목, 민응식, 민영익 등 민씨 일파도 벌 떼같이 들고 일어나 입에 거품을 물고 반대했다. 이들은 나라에서 당오전을 찍어 내 부족한 재정을 메우자고 주장했다.

　당오전이란 1전짜리 백동전에 '당오'라는 글자를 넣어서 찍어 낸 돈을 말한다. '당오'란 5전에 해당한다는 뜻이니, 1전짜리 백동전이 5전짜리 백동전 값어치를 하는 것이다. 그러니 백동전을 찍어 내는 족족 남은 4전이 고스란히 수입으로 잡히는 셈이다. 1억 전을 찍으면 4억 전이 생기고, 100억 전을 찍으면 400억 전이 생기는 것이다. 그저 돈을 찍어 내기만 해도 무려

네 배의 공돈이 생기니, 도깨비 방망이나 다름없었다.

하지만 당오전을 찍어 내면, 무엇보다 실제로 백동전을 사용하는 백성들이 큰 피해를 입을 터였다. 1전짜리를 5전짜리로 둔갑시키더라도 돈의 값어치는 똑같으니, 물건 값만 5배 오르는 꼴이었다. 전에는 1전을 내고 사과 한 개를 샀다면 이제는 5전을 내야 살 수 있었다. 물가가 무려 400퍼센트나 뛰는 셈이었다. 물가가 10퍼센트만 올라도 살기 힘들어지는 판에 400퍼센트나 오른다면, 죽으라는 소리나 마찬가지였다.

또 당오전을 쓰면, 백성들은 가지고 있는 재산의 5분의 4를 나라에 빼앗기는 것과 마찬가지였다. 그러니 당오전은 나라가 합법적으로 백성들이 가지고 있는 재산을 빼앗는 도구와 다를 바가 없었다. 당오전을 찍어 내는 것은 나라가 앞장서서 강도질을 하는 셈이니, 백성들이 가만 있지 않을 터였다.

나라가 무엇인가. 나라는 백성의 생명과 재산을 지키기 위해 만든 것이지, 백성의 생명과 재산을 빼앗으려고 만든 게 아니었다. 무슨 수를 써서라도 당오전의 발행을 막아야 했다.

김옥균은 어전 회의에서 묄렌도르프와 민씨 일파의 당오전 발행 계획이 얼마나 위험한지 꼼꼼하게 짚어 나갔다.

"당오전은 백성들을 도탄에 빠뜨려 나라를 위태롭게 할 뿐이옵니다, 전하."

김옥균의 설명을 듣고, 고종은 당오전 발행 계획을 중단하라고 명했다. 민태호와 민영익의 얼굴이 일그러졌다.

"모두 물러가고 김옥균만 남으라."

민태호와 민영익은 김옥균을 향해 눈을 부라리며 자리에서 물러났다.

"관리들에게 봉급도 못 줄 만큼 재정 형편이 안 좋아."

"일본에서 300만 원을 빌리는 수밖에 없사옵니다, 전하."

"차관을 얻으려면 과인의 위임장이 필요하다고 했던가."

고종은 그 자리에서 김옥균에게 위임장을 써 주었다. 내친 김에 인재들을 뽑아 일본에 유학시키는 것도 허락해 주었다.

그해 6월, 김옥균은 유학생 61명을 데리고 일본에 갔다. 자신과 유학생들의 여비와 학비는 부산의 일본인 상인에게 고래를 잡을 권리를 팔아서 마련했다.

일본에 도착하자마자 김옥균은 후쿠자와의 도움을 받아 유학생들을 여러 학교에 입학시켰다. 서재필과 서재창 형제를 비롯해 개화파 핵심 청년 14명은 거사를 뒷받침하는 군대를 지휘

할 수 있도록 도쿄에 있는 도야마 사관학교로 보냈다.

김옥균은 유학생들을 각자 원하는 학교에 입학시킨 다음, 외무성으로 이노우에를 찾아갔다.

"주상 전하의 위임장을 받아 왔습니다. 차관을 얻을 수 있도록 도와주십시오."

서광범의 조카인 서재필은 도야마 사관학교에서 8개월 간 장교 훈련을 받은 뒤 돌아와, 갑신정변에서 고종을 호위했다. 갑신정변이 실패하자 일본으로 건너갔다가 1885년, 미국으로 망명했다. 1890년, 미국 시민권을 얻었고 1893년, 컬럼비아 대학교를 졸업했다. 1895년 귀국해 〈독립신문〉을 발간하고 독립 협회를 이끌었다. 1919년 3·1운동에 영향을 받아 미국 필라델피아에서 외교 운동을 벌였으며, 미 군정청 최고 고문으로 활동했다.

위임장을 훑어보던 이노우에의 얼굴이 어두워졌다. 이노우에가 굳게 다물었던 입을 열었다.

"저기, 사정이 어렵게 됐습니다. 미안합니다."

"무슨 말씀이십니까. 사정이 어려워졌다니요."

김옥균이 거듭 재촉하자 그제야 이노우에는 속사정을 털어놓았다.

"다케조에 공사가 김 공이 가져온 조선 국왕의 위임장이 가짜일지 모른다는 보고를 올렸어요. 정부와 은행이 발칵 뒤집어졌지요."

위임장이 가짜인 걸 모르고 조선에 돈을 빌려 주었다가 떼이느니, 아예 빌려 주지 않겠다는 일본 정부의 태도는 어찌 보면 당연했다.

"다케조에 공사는 대체 무슨 억하심정으로 그런 모함을 하는 겁니까."

김옥균의 얼굴은 붉으락푸르락했고, 입술은 파르르 떨렸다.

하나부사의 후임으로 조선에 부임한 다케조에 일본 공사는 김옥균과 개화파를 조선 침략의 장애물로 보고 사사건건 방해 공작을 펼쳤다.

"우리 주상 전하와 조선 정부의 명예를 무참히 훼손하고도 무사할 것 같습니까."

김옥균은 화가 머리끝까지 치밀어 올랐다.

"한 나라를 대표하는 외교관이 제대로 알아보지도 않고 경솔하게 거짓된 보고를 올리다니……. 도저히 그냥 넘어갈 수 없습니다."

"고정하시오, 김 공. 화를 가라앉히고 차분하게 제 말씀 좀 들어 보시오."

이노우에가 전한 앞뒤 사정은 다음과 같았다.

다케조에 공사가 재정 고문 묄렌도르프와 통리군국사무아문 독판 민태호, 독판교섭통상사무 민영목을 만났더니, 김옥균이 고종의 위임장을 들고 차관을 얻으러 간다고 했다. 헌데 고종은 위임장을 써 준 일이 없다더라. 김옥균은 사기꾼에 모리배이니, 김옥균에게 속아 돈을 빌려 주었다가는 개망신 당하기 십상이다. 다케조에 공사가 조선 정부를 쥐락펴락하는 세 사람이 하는 말이 한결같은 것을 보면 믿을 만한 정보 같으니, 참고하라는 보고를 올렸다는 것이다.

'묄렌도르프야 독일인이니까 조선이 망하건 말건 상관없을지 모르지만, 민태호와 민영목은 어찌 조선 사람으로서 그런 짓을 할 수 있단 말인가.'

김옥균은 민태호와 민영목을 생각하니 이가 갈렸다.

'나라를 좀먹는 자들을 그냥 놔둘 수는 없어.'

하지만 지금은 무엇보다 차관을 얻어 내는 게 중요했다. 김옥균은 이노우에에게 무슨 방법이 없겠느냐며 매달렸다.

"나로서는 방법이 없소. 가능성은 낮지만, 미국이나 프랑스 쪽을 뚫어 보는 수밖에 없겠소."

김옥균은 이노우에의 소개로 요코하마에 머물고 있던 미국

김옥균과 함께 미국과 영국의 금융 시장에서 차관을 얻으려던 미국 상인 모스는 1891년 조선에 들어왔다. 모스는 각종 이권을 얻는 데 열을 올려, 경인 철도 부설권과 평안북도 운산의 금광 채굴권을 따냈다. 1897년, 경인철도 기공식을 가졌지만, 자금 부족으로 일본에 모든 권한을 팔아넘겼다. 운산에서는 광부가 금광석을 캐면 "No Touch!"라고 마구 소리쳤는데, 광부들이 '노타치'를 손쉽게 많은 이익을 얻을 수 있는 일감을 뜻하는 '노다지'로 잘못 알아들었다는 이야기로도 유명하다. 사진은 경인 철도의 모습이다.

인 모스를 만났다.

"미국이나 영국의 금융 시장에서 차관을 얻을 수도 있겠군요. 하지만 성공을 장담할 수는 없습니다."

김옥균이 모스를 통해 차관을 얻으려 한다는 소식도 묄렌도르프의 귀에 들어갔다. 묄렌도르프는 이번에도 인맥을 이용해 나쁜 소문을 흘렸고, 김옥균의 노력은 다시 물거품이 되었다.

김옥균은 크게 실망했다. 하지만 조선의 미래를 위해서는 기필코 차관을 얻어야만 했다. 김옥균은 마지막이라는 심정으로 후쿠자와를 찾았다. 후쿠자와는 고토 쇼지로를 통해 프랑스 쪽에 줄을 댔다.

프랑스는 김옥균에게 300만 원은 어렵지만, 100만 원은 가능할 것 같다고 했다. 게다가 한 걸음 더 나아가, 거사를 일으키면 프랑스 함대를 동원해 엄호하겠다는 약속까지 했다. 베트남 문제로 청나라와 대립하던 프랑스는 무슨 수를 써서라도 청나라에 타격을 입히고 싶었던 것이다.

하지만 고토가 이토 히로부미에게 프랑스가 김옥균에게 차관을 주려 한다는 얘기를 전하는 바람에 사정이 틀어지기 시작했다. 이토 히로부미는 조선과 프랑스가 가까워지면, 일본이 조선에서 누릴 수 있는 이권이 위태로워진다고 보았다. 무슨 수를 써서라도 프랑스가 조선에 돈을 빌려 주는 것을 막아야 한다고 일본 정부를 다그쳤다. 프랑스 입장에서도 조선보다는 일본이 더욱 중요했다.

프랑스에서 100만 원의 차관을 얻으려던 김옥균의 마지막 노력은 또 허사가 되고 말았다. 김옥균은 이듬해인 1884년 3월,

빈손으로 귀국길에 올랐다.

갑판 위에서 밤하늘을 올려다보던 김옥균은 현기증이 일었다. 속이 울렁거렸다. 욕지기가 치밀었다. 배가 흔들려서 멀미를 하는 것인지, 가난한 나라, 힘없는 군주, 가련한 백성들이 눈앞에 어른거려서 멀미를 하는 것인지 알 수 없었다. 김옥균의 눈가에 눈물방울이 맺혔다.

세상이 온통 캄캄했다. 한 치 앞도 보이지 않았다. 어깨 겯고 함께 걷던 벗들도 어느새 사라졌다. 김옥균은 목이 터져라 벗들을 불렀다. 쇠 냄새가 코를 찔렀다. 발밑이 질척거리는 느낌이 들어 아래를 내려다보았다. 졸졸졸 물이 흐르고 있었다. 구름이 걷혔는지 사방이 밝아 왔다. 물은 시뻘건 색을 띠고 있었다.

"헉!"

김옥균은 자리에서 벌떡 일어났다. 이마에 송글송글 맺혀 있던 땀방울이 흘러내렸다. 차가운 물로 목욕한 듯 온몸이 식은땀으로 젖어 있었다.

김옥균은 한숨을 내쉬었다. 시간은 속절없이 흘러갔다. 모든 상황이 여의치 않아서인지 나쁜 꿈을 꾸고 잠을 설치는 일이 잦았다. 꿈속에서처럼 조선의 앞날은 한 치 앞도 내다볼 수 없을 만큼 암울했다. 김옥균이 일본에 있는 동안 김옥균과 개화파가 추진한 모든 개화 정책들이 폐지되었다.

우선 거사를 뒷받침할 주력군으로 기르던 박영효의 광주군 500명이 친군영 전영으로, 윤웅렬의 북청군 500명이 친군영 후영으로 들어갔다. 친군영은 청나라 군대를 본떠 만든 중앙군으로, 민씨 일파가 손아귀에 쥐고 있었다. 죽 쑤어 개 준 꼴이 되었다.

박문국에서 신문을 펴내 백성을 깨치려던 노력도 민영목, 김만식 등 민씨 일파가 박문국을 틀어쥐면서 소용없게 되었다. 1883년 10월 1일부터 펴내던 〈한성순보〉는 백성을 일깨우기는커녕 민씨 일파의 홍보 수단으로 전락했다.

왕비 민씨와 그 일파는 개화파의 손발을 묶고 입에 재갈을 물렸다. 그리고 나서 개화파를 이끌고 있는 김옥균을 공격하기 시작했다. 민영익, 민태호, 민영목, 한규직, 윤태준 등 민씨 일파는 앞다투어 김옥균을 모함했다.

김옥균은 벼슬에서 물러나기로 마음먹었다. 한 발 앞으로 나아가기 위해 지금은 두 발 뒤로 물러서야 할 때였다. 민씨 일파가 마음을 놓도록 한 다음, 옴짝달싹 못하도록 치명적인 일격을

윤웅렬은 윤치호의 아버지로, 1881년 별기군 좌부령관을 맡았다가 임오군란 때 구식 군인들이 별기군을 습격하자 하나부사 공사와 함께 일본 나가사키로 피신했다. 귀국 후 개화파에 가담해 북청군을 양성하고 갑신정변 후 세운 새 정부에서 형조판서에 앉았다. 갑신정변 실패 후 능주로 유배되었다. 1895년, 일본이 명성 황후 시해 사건을 일으키자 고종의 경복궁 탈출과 친일 정부 전복, 새 정부 구성을 꾀한 춘생문 사건을 뒤에서 조종했다. 이때 일본을 공격하려다 발각되어 상하이로 망명하기도 했다. 군인 제복을 입은 이가 윤웅렬이다.

가해야 했다.

　　김옥균은 고종을 만나 호조참판에서 물러나겠다는 뜻을 전했다. 아끼던 신하 하나 지켜 주지 못하는 자신의 처지가 안타까운지, 고종은 할 말을 잃고 한숨만 내쉬었다.

김옥균이 벼슬길에서 물러난다는 소식에 청나라와 민씨 일파는 환호성을 터뜨렸다. 사사건건 발목을 잡던 개화파를 죄다 몰아냈으니, 이제 거칠 것이 없었다. 사사로이 욕심을 채운다고 지탄할 사람도 더 이상 없었다. 이제부터는 대놓고 나랏돈을 빼돌려 재산을 늘려도 되었다. 텅 빈 국고는 당오전을 찍어 내 채워 놓으면 그만이었다. 백성이야 죽든 말든, 나라야 망하든 말든 상관없었다.

김옥균은 잠시 짬을 내어 천안으로 내려갔다. 친아버지 친어머니는 어느덧 호호백발의 할아버지 할머니가 되었다. 친부모의 모습에 김옥균은 눈시울이 뜨거워졌다.

"왔느냐."

친아버지 김병태는 아침에 일하러 갔다 저녁에 돌아오는 아들을 보듯 무덤덤한 목소리로 김옥균을 맞았다. 친어머니는 김옥균의 손을 잡고 하염없이 눈물을 흘렸다.

"나랏일로 바쁠 텐데 여기는 웬일이냐. 무슨 일, 있는 게냐."

"갑자기 아버님, 어머님이 눈에 밟히더라고요. 짬이 난 김에 보고 싶어 들렀어요."

친아버지는 김옥균을 물끄러미 바라보았다.

"소인배는 제 잇속부터 먼저 따지지만, 군자는 모름지기 나라를 먼저 생각해야 하느니라. 식구들이 눈에 밟혀서야 어찌 큰일을 하겠느냐. 이것저것 재고 뒤돌아보지 말고, 앞만 보고 성큼성큼 걸어가거라."

친아버지는 김옥균더러 당장 한양으로 돌아가라며 등을 떠밀었다. 김옥균은 친어머니가 차려 준 밥 한 그릇을 뚝딱 비우고는 마지못해 일어섰다.

"무슨 일이 있는지는 모르지만, 우리는 신경 쓰지 마라. 그저 네가 옳다고 믿는 일이라면, 아무 걱정 말고 밀어붙이려무나. 우린 언제나 네 편이란다."

친아버지 김병태는 동구 밖까지 따라 나와, 한 발 한 발 힘주어 내딛는 김옥균의 모습이 작아질 때까지 오랫동안 바라보았다. 이윽고 하늘을 벌겋게 태우는 저녁노을 속으로, 김옥균의 모습이 가물가물 사라졌다.

김옥균은 친부모를 만나고 온 뒤 마음이 한결 홀가분해졌다. 이제 아무것도 거칠 것이 없었다. 김옥균은 밤낮없이 거사에만

온 마음을 쏟았다.

　몸이 멀어지면 마음도 멀어진다고 했다. 친군영으로 들어간 거사의 주력군이 언제까지 김옥균과 개화파를 믿고 따를지 알 수 없었다. 시간이 흘러, 거사의 주력군이 뿔뿔이 흩어지기 전에 일을 벌여야 했다.

　시간은 사람을 기다려 주지 않는다. 무슨 수를 내어서라도 올해가 가기 전에 거사를 일으켜야 했다. 김옥균의 머릿속 시계가 바삐 움직이기 시작했다.

# 9
# 3일 동안 새 나라를 꿈꾸다

    김옥균과 개화파는 거사를 일으킬 기회를 좀처럼 잡지 못해 초조했다. 그런데 뜻밖의 낭보가 나라 밖에서 들려왔다. 베트남을 두고, 청나라와 프랑스 사이에 일촉즉발의 위기감이 감돌고 있다는 소식이었다.

    세계 곳곳에 식민지를 만드느라 열을 올리던 프랑스는 1880년대 들어 베트남을 침략했다. 베트남을 비롯한 인도차이나 반도 전체를 식민지로 삼으려는 속셈이었다. 베트남에 종주권을 갖고 있던 청나라는 프랑스의 침략을 묵과할 수 없었다.

    청나라는 군대를 보내 프랑스 군을 무찌르기로 결정했다. 당

---

우정국은 1884년에 설치한 우리나라 최초의 우편 행정 기관으로, 갑신정변의 주무대가 되었다. 개화파의 핵심 인물인 홍영식이 우정국 총판을 맡아 같은 해 10월 1일 우편 업무를 시작했으나, 갑신정변이 실패하면서 10월 20일 폐지되었다.

시 청나라 정부를 좌지우지하던 이는 이홍장이었다. 이홍장은 청나라 군대 중 최정예 부대를 베트남에 보내야 프랑스 군과 맞설 수 있다고 보았다. 그래서 자신에 대한 충성심이 높고 전투력도 뛰어난, 조선에 주둔하고 있는 부대를 베트남에 보내기로 했다. 이홍장은 용산에 주둔한 군사 3천 명 중, 절반인 천 5백 명을 베트남으로 보냈다.

이제 용산에 있는 청나라 군사는 천 5백 명이었다. 김옥균은 3천 명이라면 엄두도 못 내겠지만, 천 5백 명이면 붙어 볼 만하다고 생각했다.

하지만 곧바로 거사를 일으킬 수는 없었다. 청나라에게 조선은 베트남 못지않게 중요했다. 청나라가 프랑스와 치열하게 전투를 치르기 전에 거사를 일으켰다가는 베트남에 있는 군대를 조선으로 되돌리기 십상이었다. 게다가 베트남에서 청나라의 이권을 보장받는 쪽으로 프랑스와 협상을 벌여 성공이라도 한다면, 청나라는 베트남에서 발을 뺄 터였다. 그리 되면 개화파의 거사는 실패할 확률이 높았다.

청나라가 프랑스와 전쟁에 빠져, 베트남에서 빼도 박도 못할 상황이 될 때까지 기다려야 했다. 만에 하나, 청나라가 베트남에서 발을 빼더라도 조선에 추가로 군대를 보내지 못할 만큼 병력 손실이 커야 했다.

김옥균은 청나라와 프랑스의 전황에 촉각을 곤두세웠다. 개화파 동지들에게는 영국, 미국, 프랑스, 일본 등의 외교관들을 만나 자그마한 정보라도 모아 오도록 지시를 내렸다.

누구보다 윤치호의 도움이 컸다. 조선 주재 미국 공사관에서 통역으로 일하던 윤치호는 비밀스러운 고급 정보를 물어다 주었다. 초대 미국 공사인 푸트는 윤치호를 미국과 고종, 개화파를 잇

윤치호는 개화파 인사인 윤웅렬의 아들로, 1881년 조사 시찰단 중 한 사람인 어윤중을 따라 일본으로 건너갔다. 이노우에 가오루의 주선으로 서양 학문을 배우면서 영어도 함께 배웠다. 1883년 초대 주한 미국 공사인 푸트의 통역을 맡아 귀국해, 고종과 푸트, 개화파를 잇는 다리 역할을 했다. 1889년, 미국에 건너가 에모리 대학에서 공부했고, 1895년 귀국했다. 1898년, 독립 협회 회장을 맡아 만민 공동회를 이끌었다.

는 다리로 보았다. 그래서 고종과 개화파에게 비밀스러운 정보를 흘려야 할 때는 언제나 윤치호를 이용했다. 윤치호는 영어에도 아주 능통해, 미국에서 보내 오는 외교 전문을 순식간에 읽어 냈다.

윤치호가 캐낸 정보에 의하면 청나라 군대는 그런대로 잘 싸

우고 있는 듯했다. 유럽의 강대국인 프랑스에 맞서, 청나라 군대가 일방적으로 밀리지 않는 까닭은 프랑스에 저항하는 베트남 의용군과 손을 잡았기 때문이다. 베트남 의용군은 지형지물을 꿰고 있는데다 백성의 지지를 받고 있어서, 치고 빠지는 유격전으로 프랑스 군을 괴롭혔다.

김옥균은 청나라 군대가 프랑스 군에 팽팽히 맞서고 있으니, 베트남에서 청나라가 발을 뺄 가능성은 적다고 보았다. 두 나라 군대의 전력이 팽팽하면 팽팽할수록 전쟁도 길어지고, 병력 소모도 극심할 터였다. 그리만 되면 청나라는 조선에 군사를 더 보낼 가능성이 아주 적었다.

김옥균은 판단이 서자, 즉각 동지들을 불렀다.

"때가 무르익었소. 거사를 일으킵시다!"

김옥균은 동지들을 하나씩 하나씩 쳐다보았다. 모두 다 얼굴이 붉게 상기되어 있었다.

김옥균은 박영효를 보며 말했다.

"금릉위는 친군영 전영군과 후영군을 발판으로 친군영 전체를 장악하는 일에 앞장서세요. 군사를 직접 지휘하는 중, 하급 장교들을 끌어들인다면 문제없을 겁니다."

도야마 사관학교에서 장교 과정을 마치고 돌아온 서재필에게도 지시를 내렸다.

"그대는 함께 돌아온 생도 13명과 함께 금릉위를 도와라. 금릉위의 손발이 되어 친군영 군사를 직접 지휘하는 것이 그대들 몫이다."

거사가 성공하려면 무엇보다 고종에게 거사를 지지한다는 밀칙을 받아 내야 했다. 김옥균은 홍영식에게 고종과 은밀히 만날 수 있게 해 달라고 부탁했다.

서광범에게는 개화파가 이끌어 갈 새 정부에서 펼칠, 정책과 업무를 정리하도록 했다.

거사 후 세우게 될 새 정부가 미국과 영국, 프랑스 등 서양 제국주의 열강의 인정을 받는 것도 중요했다. 김옥균은 이 임무를 윤치호에게 맡

고종은 민씨 척족 세도 정치를 뒤엎고 제대로 된 정치를 펴고자, 개화파에 밀칙을 내려 갑신정변을 일으키도록 지시했다. 하지만 청나라 군대의 개입으로 갑신정변이 실패하자, 민씨 척족과 청나라의 위세에 밀려 개화파를 탄압했다.

겼다.

모임이 끝났다. 동지들은 각자 맡은 임무를 다시 한번 되새기며 조심스레 흩어졌다. 하지만 서광범은 김옥균과 군사 문제를 더 논의하려고 남았다.

"우리가 동원할 수 있는 병력은 천 명 남짓입니다. 청나라 군대 천 5백 명과 맞서 이길 수 있을까요? 더욱이 청나라 군대는 잘 훈련받은 정예 부대입니다."

"모자라지요. 힘들지요. 하지만 걱정 마세요. 생각해 둔 게 있으니까……."

김옥균은 일본 공사관을 지키는 병사 150명을 거사에 이용하기로 했다. 청나라 군사가 더 들어오는 것을 막으려면, 일본이 청나라를 견제해 주는 게 가장 효과적이었다. 훈련이 잘된 일본 공사관 병사들의 전투력도 청나라 군대를 무찌르는 데 도움이 될 터였다.

김옥균은 일본 공사관을 찾아가 다케조에 공사를 만났다. 다케조에는 김옥균이 일본에서 차관을 얻지 못하게 훼방을 놓았었다. 하지만 지금은 과거의 원한을 따질 때가 아니었다.

"마침 잘 왔어요. 안 그래도 본국에서 내려온 훈령 때문에 찾아뢸까 했습니다만……."

다케조에는 먼저 청·프랑스의 전황을 이야기했다. 청군의 전력이 예상 밖으로 강하자, 프랑스 군은 중국 본토의 해안 지방을 공격해 항구를 점령하기로 했단다. 일본 정부는 이 기회를 놓치지 않고 조선에서 청나라의 영향력을 없애려 조선의 개혁을 적극 지지하기로 결정을 내렸다는 것이다.

"본국에서 공을 도와 조선의 개혁에 앞장서라는 훈령을 내렸습니다. 임오군란의 배상금 중 남은 40만 원을 조선 군대를 개혁하는 데 쓰고, 공이 전에 요청한 차관 300만 원도 빌려 주라는 명령입니다."

"그 내용을 주상 전하께 직접 약조할 수 있습니까?"

"물론입니다."

"그렇다면 잠깐 귀 좀……."

다케조에는 김옥균을 향해 몸을 기울였다.

"귀국 공사관의 수비병 좀 빌려 주십시오."

"네?"

일본 공사관을 나오는 김옥균의 발걸음은 가벼웠다.

'청나라 군사를 막을 수 있게 되었어. 하지만 다케조에를 무

작정 믿어서는 안 돼. 언제 뒤통수를 때릴지 모르니까…….'

김옥균은 11월 초에 영국 영사 애스턴과 미국 공사 푸트를 잇달아 만났다. 두 사람 모두 서두르지 말고 때를 기다리라며 거사를 만류했다. 특히 미국 공사 푸트는 군함을 부를 테니, 일본이나 중국으로 함께 여행을 떠나자고 했다. 무모하게 거사를 일으켜 목숨을 잃을까 걱정하는 마음이 느껴졌다. 하지만 지금은 몸을 사릴 때가 아니었다. 나라와 백성을 위해 몸을 바칠 마지막 기회였다.

11월 29일, 김옥균은 대궐로 들어오라는 어명을 받고 창덕궁으로 향했다. 홍영식이 고종 옆에 몸을 숙인 채 서 있었다.

"일본의 양보를 얻어 낸 게 경의 공이라는 것을 잘 알고 있다. 수고했다."

고종은 김옥균에게 친히 술을 따라 주었다.

"지금이야말로 청나라의 횡포에서 벗어날 때라는 이야기도 들었다."

고종이 홍영식을 바라보며 말했다.

"위급한 때를 맞아 경에게 큰일을 맡기노니, 몸과 마음을 바쳐 뜻을 이루라."

고종은 직접 붓을 들어 밀칙을 쓴 뒤, 국새를 찍었다.

이튿날인 11월 30일, 김옥균은 동지들을 집으로 불렀다. 거사에 관한 모든 것을 마지막으로 다듬기 위해서였다. 긴 논의 끝에 12월 4일, 우정국 낙성식 축하연을 틈타 거사를 일으키기로 결정했다.

12월 2일, 김옥균은 홍영식과 함께 일본 공사관으로 갔다. 다케조에 공사를 만나, 공사관을 지키는 일본군과 어떻게 합동 작전을 펼지 의견을 조율했다.

1884년 12월 4일, 운명의 날이 밝았다.

그날따라 하루 해가 유난히 긴 듯했다. 이윽고 붉은 저녁놀이 우정국 지붕을 붉게 물들이기 시작했다. 각국의 외교관들과 정부 고관들이 우정국으로 모여들었고, 우정국 총판 홍영식이 손님들을 반갑게 맞았다.

오후 여섯 시, 미국 공사 푸트와 서기관 스커더, 영국 영사 애스턴, 청국 영사 진수당과 서기관 담갱요, 일본 공사관 서기관 시마무라, 외무협판 겸 해관총판 묄렌도르프, 외무독판 김홍집, 주사 윤치호, 사사 신낙균, 친군영 전영사 한규직과 우영사 민영익, 좌영사 이조연, 승지 서광범과 민병석, 김옥균, 박영효 등이 참석한 가운데 우정국 낙성식 축하연의 막이 올랐다.

오후 8시가 되자, 김옥균은 바람을 쐰다며 우정국을 나왔다. 누군가가 김옥균에게 다가왔다. 김옥균의 문객이자 충의계원인 박제형이었다. 박제형이 귓속말로 속삭였다.

"별궁 방화가 실패했답니다."

별궁에 화약을 터뜨려 불을 놓아서, 거사가 시작되었다는 걸 알리기로 약조했다. 헌데 경비병들이 빠르게 불길을 잡는 바람에 계획이 틀어진 것이다.

"부근 민가에라도 불을 놓아 시작을 알리게나!"

얼마 뒤, 우정국 부근 민가에서 불길이 치솟았다. 치솟은 불길에 우정국 창문이 훤하게 밝아 왔다. 무르익은 축하연을 즐기던 사람들이 술렁이기 시작했다. 친군영 우영사 민영익이 무슨 낌새를 챘는지 슬그머니 밖으로 나갔다. 민영익의 아버지 민태호가 사는 집이 우정국 근처에 있었다.

"아악!"

우정국 문이 열리고, 온몸에 피범벅을 한 사람이 들어와서는 푹 하고 쓰러졌다. 민씨 일파의 실세인 민영익이었다. 충의계원들이 암살하려 했으나 실패한 모양이었다.

김옥균은 박영효와 서광범을 이끌고 밖으로 나왔다. 우정국 낙성식 축하연에서 친군영 지휘관들을 도륙 내려던 계획은 실패하고 말았다. 남은 방도는 한시라도 빨리 궁궐로 들어가, 고종과 왕비를 모시고 친군영을 장악하는 거였다.

세 사람은 "천, 천!"을 외치며 일본 공사관으로 내달렸다. '천'은 같은 편이라는 걸 확인하기 위해 미리 정해 놓은 암호였다. 곳곳에서 '천'을 외치며 질주하던 사람들이 김옥균 일행에게 눈인사를 보내 왔다.

김옥균은 우선 일본 공사관 수비병들이 약속대로 거사에 동원되었는지 확인했다. 일본이 약속을 지키지 않으면, 이번 거사는 성공하기 어려웠다. 다행히 일본은 약속을 지켰다.

이제 왕이 있는 창덕궁으로 가야 했다. 세 사람은 숨이 턱에 차도록 달려 창덕궁 금호문 앞에 이르렀다. 충의계원들이 모여 있는 게 보였다.

"쾅쾅!"

김옥균은 금호문을 세차게 두드렸다. 누구냐고 묻는 소리가 들렸다.

"한양에 변고가 일어났다. 주상 전하를 뵈어야 하니, 당장 문

김옥균은 박영효와 함께 금호문으로 들어가, 고종과 왕비에게 변고를 알리고 경우궁으로 피신토록 했다. 〈동궐도〉에 그려진 창덕궁의 돈화문과 금호문 일대이다.

을 열어라."

문이 활짝 열렸다. 금호문 수문장은 김옥균의 심복으로, 김옥균이 오면 문을 열기로 미리 약속해 두었다. 김옥균과 박영효, 서광범은 국왕의 침전인 희정당에 이르렀다. 희정당 앞에는 친군 50여 명이 경비를 서고 있었다.

김옥균이 고종에게 기별을 넣으려 하자, 환관 유재현이 잠자리에 들었다며 가로막았다.

"도성 안에 변고가 일어났는데, 당장 기별을 넣지 않고 웬 수

> 유재현은 고종의 두터운 신임을 받은 환관이다. 갑신정변 당시 개화파에 가담해 고종과 개화파 사이의 연락을 맡았다. 하지만 왕비 민씨에게 매수되어 김옥균, 박영효, 서광범 등이 고종을 접견하지 못하도록 훼방 놓고 고종의 피신을 가로막았다. 개화파에서 왕비 민씨의 첩자로 변절한 것이다. 이를 괘씸하게 여긴 개화파는 거사 이틀째인 12월 5일, 서재필의 지휘 아래 유재현을 처형했다.

작이냐!"

김옥균과 유재현이 옥신각신하는 사이에 침전에 불이 들어왔다. 고종이 잠에서 깬 모양이었다.

"대체 무슨 변고가 일어났느냐."

"곳곳에서 불길이 치솟고 총소리가 나고 있사옵니다. 주상 전하께서는 잠시 궁궐을 떠나 사정을 알아보심이 옳을 듯 하옵나이다."

김옥균의 말에 왕비 민씨가 김옥균을 노려보며 물었다.

"어떤 변고인지 알아보지도 않고, 궁궐을 떠나 몸을 피하는 게 말이 되오?"

바로 그때, 엄청난 폭음이 터져 나왔다. 전각이 무너질 듯 뒤흔들렸다. 고종과 왕비는 하얗게 질려 어쩔 줄 몰랐다.

폭발 소리는 개화파 동지인 궁녀 고씨가 계획대로 폭약을 터뜨려서 난 소리였다. 고씨는 덩치가 몹시 커서 고대수라는 별명으로 불렸는데, 대수란 몸집 큰 아주머니라는 뜻이다.

고대수가 폭약을 터뜨린 덕에 고종과 왕비는 창덕궁을 떠나 거처를 별궁인 경우궁으로 옮겼다.

김옥균은 일본 공사관 수비병을 불러 고종과 왕비를 경호하도록 조치했다. 경우궁 앞은 일본 공사관 수비병 150명과 서재필, 서재창, 정난교 등 일본 사관학교 출신 14명이 친군 50여 명과 함께 경비를 펼치고 있었는데, 자못 삼엄했다.

> 궁녀 고대수는 사내 5~6명을 거뜬히 당해 낼 만큼 힘이 셌고, 왕비 민씨의 총애를 한몸에 받았다. 그래서 민씨 일파와 왕비의 움직임을 개화파에 알려 줄 수 있었다. 갑신정변이 일어난 날, 창경궁 통명전에 화약을 터뜨려 고종과 왕비가 피신토록 하는 등 큰 공을 세웠다. 갑신정변 실패 후 청나라 군사에게 죽임을 당한 듯하다.

얼마 뒤, 이조연, 한규직, 윤태준이 환관 유재현을 앞세워 고종과 왕비를 알현하겠다며 경우궁으로 찾아왔다. 세 사람은 친군영 군사를 지휘하는 사령관들로, 고종과 왕비를 창덕궁으로 다시 옮기려는 속셈이었다. 권력을 빼앗기지 않으려면 국왕과 왕비를 끼고 있어야 했다.

김옥균은 고종과 왕비를 알현하는 것은 절대 불가하다며 막아섰고, 물러나는 이조연, 한규직, 윤태준을 충의계원인 윤경순, 이규완, 황용택, 고영석 등이 칼로 찔러 죽였다.

개화파는 민영목, 민태호, 조영하 등에게 고종이 경우궁에

민태호는 민영익의 아버지이다. 이들 부자는 민영목, 민응식과 함께 민씨 정권을 이끈 핵심 인물이었다. 갑신정변 때 개화파에게 살해되었다.

머물고 있으니 알현하라는 전갈을 보냈다. 충의계원들은 기다리고 있다가 고종을 알현하러 오는 이들을 칼로 찔러 죽였다. 정권을 쥐락펴락하던 민씨 일파 대부분이 이날 밤 죽어 나갔다.

거사 이틀째인 12월 5일 새벽, 개화파는 고종의 재가를 얻어 새 정부를 만들었다.

영의정에 이재원, 좌의정 홍영식, 좌찬성 겸 좌우참찬 이재면, 이조판서 겸 홍문제학 신기선, 예조판서 김윤식, 병조판서 이재완, 형조판서 윤웅렬, 공조판서 홍순형, 판의금 조경하, 동의금 민긍식, 예문제학 이건만, 한성 판윤 김홍집, 수원 유수 이희선, 평안 감사 이재순 등이 새 정부의 중요 자리에 앉았다.

개화파는 중요 직책을 민씨 일파에서 소외당한 종친들에게 돌려 종친부의 지지를 얻어 냈다. 하지만 전후영사 겸 좌포장에 박영효, 좌우영사 겸 우포장 겸 대리외무독판 서광범, 호조참판 김옥균, 병조참판 겸 정령관 서재필, 도승지 박영교 등 군사와 치안, 재정, 국왕 호종 같은 노른자위는 개화파가 차지했다.

길고도 길었던 밤이 지나고 날이 밝았다. 미국 공사 푸트, 영국 영사 애스턴 등이 경우궁으로 고종을 찾아와, 새 정부가 들어선 것을 축하했다.

개화파는 새 정부의 주요 인사를 발령 내고, 앞으로 나랏일을 어떻게

민영목은 민씨 정권의 우두머리 중 하나로, 갑신정변 때 개화파에게 살해되었다.

꾸려 갈 것인지 방침을 정했다. 또 개혁 정책을 펴는 데 맞지 않는 법령을 손보는 등 눈코 뜰 새 없이 바빴다. 개화파의 정권 장악은 순조로운 듯 보였다.

개화파가 이끄는 새 정부는 한양 도성 안 곳곳에 방을 붙여, 새로 실시할 정책들을 백성들에게 널리 알렸다. 새로운 정책들은 무려 80여 조에 달했다. 하지만 김옥균은 《갑신일록》에 14개 조만 남겼다.

1. 대원군을 빠르게 돌아오도록 하고, 청나라에 조공을 바치는 허례를 폐지한다.

2. 문벌을 없애고 인민 평등의 권리를 세워, 인재를 널리 등용한다.

3. 토지세법을 고쳐, 간사한 아전들의 농간을 없애고 가난한 백성들을 보호하며, 재정을 튼튼하게 한다.

4. 내시부를 없애고 우수한 인재만 골라 등용한다.

5. 탐관오리는 심한 자를 골라내 죄를 묻는다.

6. 각 도의 인민들에게 고리로 빌려 준 환곡을 영구히 받지 않는다.

7. 규장각을 없앤다.

8. 급히 순검을 두어 경찰제로 바꾼다.

9. 혜상공국을 없앤다.

10. 유배나 금고의 형을 받은 자는 죄의 경중을 가려 형량을 줄인다.

11. 4영을 합쳐 1영으로 하며, 그 중에서 선발해 근위대를 둔다.

12. 국내 재정은 호조로 통일해 맡기며, 여태까지 재정

을 맡아보던 다른 아문들은 모두 없앤다.

13. 대신과 참찬은 매일 합문 안 의정소에 모여 정령을 정하고 반포해 시행한다.

14. 6조 이외의 헛된 벼슬자리는 모두 없애되, 대신과 참정이 이를 골라 보고토록 한다.

김옥균은 조선을 새롭게 개혁하려는 노력이 하나씩 결실을 맺어 가는 모습을 보며 주먹을 불끈 쥐었다. 바야흐로 부강한 조선, 모든 백성이 공평하게 대접받는 조선, 새로운 조선, 새로운 시대가 열리고 있었다.

한편 개화파가 거사를 일으키자, 청나라는 바싹 긴장했다. 까딱하면 조선에서 종주국 행사를 못할지도 몰랐다. 용산에 주둔하고 있는 청나라 군대는 개화파를 어떻게 무너뜨릴지 계획을 짰다. 고종과 왕비가 머물고 있는 경우궁은 비좁아서 군사 작전을 펼치기에 적합하지 않았다.

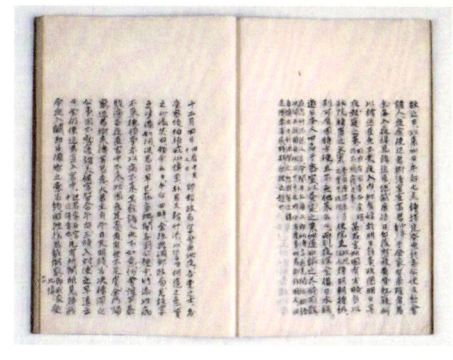

《갑신일록》은 김옥균이 일본에서 쓴 갑신정변에 관한 일기이다. 1885년 말에 쓴 것으로 보인다.

청군은 우선 고종과 왕비, 개화파 인사들을 작전을 펼치기 좋은 넓은 곳으로 끌어내기로 했다. 그러려면 믿을 만한 이를 왕비 민씨에게 보내야 했다. 청나라 군대는 왕비 민씨와 연락할 이로 경기도 관찰사 심상훈을 택했다.

심상훈은 청나라와 왕비 민씨에게 충성을 다한 덕에 경기도 관찰사 자리를 차지한 자였다. 하지만 오는 게 있으면 가는 게 있어야 했다. 청나라와 민씨 일족은 심상훈더러 개화파 인사들과 친하게 지내면서 중요한 정보를 캐내도록 했다. 개화파는 심상훈을 자기들에게 우호적인 인물로 보았고, 배신하리라고는 꿈에도 생각지 못했다. 심상훈은 아무런 감시도 받지 않고 고종과 왕비를 알현했다.

심상훈은 왕비 민씨에게 전날 밤 무슨 일이 일어났는지 낱낱이 고해 바쳤다. 민씨 일파가 죄다 도륙을 당했다는 심상훈의 보고에 왕비는 억장이 무너져 내렸다. 왕비는 김옥균과 박영효, 서광범 등 개화파를 붙잡아 반드시 원한을 갚으리라 맹세했다. 심상훈은 고종과 왕비가 창덕궁으로 돌아와야 청나라 군사가 작전을 펼 수 있다고 전했다.

왕비 민씨는 후궁들을 움직였다. 후궁들은 고종에게 경우궁이 너무 비좁아 불편하기 짝이 없다며 갖은 투정을 다 부렸다. 고종은 도승지 박영교를 불러 거처를 옮기라는 명을 내렸다.

김옥균은 박영효와 함께 고종을 찾았다. 김옥균은 경호에 어려움이 많으니, 계동에 있는 영의정 이재원의 집인 계동궁으로 옮기자고 했다.

고종과 왕비는 계동궁으로 옮겼다. 왕비 민씨는 다시 후궁들을 움직였다. 계동궁에 머물면 청나라 군사가 작전을 펼치는 데 차질을 빚을 수 있었다. 결국 고종은 창덕궁으로 돌아가라는 명을 내렸다. 김옥균과 박영효는 고종을 만나 어명을 거두어 달라고 호소했지만, 막무가내로 고집부리는 고종을 당해 낼 수 없었다. 오후 5시, 고종과 왕비는 창덕궁으로 돌아왔다.

김옥균은 다케조에 공사를 만나 청나라 군대가 공격해 오면 어찌 막아 낼지 의견을 나누었다. 친군영과 공사관 수비병, 충의계원, 사관학교 출신을 모두 동원해, 겹겹이 둘러세워 막는 수밖에 없었다. 하지만 창덕궁은 청나라 군사를 막기에는 너무 넓었고, 병력도 크게 모자랐다.

청나라는 창덕궁 주변에 군사들을 속속 배치했다. 창덕궁을 사이에 두고 청나라 군사와 친군영 군사들이 대치했다. 김옥균의 머릿속으로 거사가 실패할지도 모른다는 불안감이 순식간에 지나갔다.

어느덧 거사 이틀째 밤이 되었다. 대궐문을 닫아야 할 시간이 왔다. 선인문 밖에 배치된 청나라 군사들이 선인문을 닫으려는 친군영 군사들에게 달려들었다. 친군영 군사들은 선인문을 닫지 못한 채 밤을 지새웠다.

거사 사흘째인 12월 6일, 날이 밝자마자 심상훈이 고종과 왕비를 다시 알현하러 왔다. 박영효는 심상훈의 거동이 수상쩍다며 돌려보내려 했지만, 김옥균은 고종과 왕비가 알면 평지풍파가 일어날지 모른다며 알현을 허락했다.

심상훈은 고종과 왕비에게 청나라 군대를 이끌고 있는 위안스카이의 밀서를 꺼내 놓았다. 창덕궁을 되찾아 고종과 왕비를 경호하겠다는 내용이 적혀 있었다.

고종은 겁이 났다. 김옥균이 이끄는 개화파가 왕과 나라를 보호할 힘이 없다면, 청나라가 어찌 나올지 몰랐다. 고종 자신을 무능한 왕이라 여겨, 새 왕을 세우겠다고 나선다면? 지금 상황에서는 청나라에 협력해야 하지 않을까 하는 생각이 고종의 머리를 스쳤다. 결국 고종은 청나라 군대가 창덕궁으로 들어와 자신과 왕비를 경호해도 좋다며, 청나라 군대의 창덕궁 공격을 허락했다. 개화파의 운명은 어찌 될지 가늠할 수 없게 되었다.

고종은 유약한 군주였다. 과단성이 부족해 우왕좌왕하기 일쑤였다. 어려서는 아버지 흥선 대원군에게 휘둘렸고, 나이 들어서는 드센 왕비 민씨에게 휘둘렸다.

왕비 민씨를 등에 업고 온갖 세도를 부리던 민씨 일족이 눈에 거슬려, 개화파의 거사를 밀칙으로 허락한 게

위안스카이는 1884년 12월 6일, 청나라 군사들을 이끌고 창덕궁으로 쳐들어와 갑신정변을 진압한 후 귀국했다. 1851년, 연금에서 풀린 흥선 대원군과 함께 조선에 다시 왔다. 1885년, 조선 주재 총리교섭통상대신이 되었고, 조선의 내정과 외교를 간섭하며 일본, 러시아에 맞섰다.

엊그제였다. 이제 와 판세가 조금 기울었다고 개화파에서 청나라로 슬그머니 말을 갈아타겠다니……. 고종의 변심은 청나라와 민비에게는 축복이었지만, 김옥균과 개화파에게는 엄청난 재앙이었다.

고종의 내락을 얻어 낸 심상훈은 희희낙락해서 물러났다. 심상훈의 보고를 들은 청나라 군대는 작전을 서둘렀다.

우선 창덕궁을 지키는 친군영 군사들 속에 심어 놓은 첩자들을 동원해, 창덕궁을 지키고 있는 개화파를 쓰러뜨리는 게 중요했다. 친군영 전영을 이루는 광주군과 후영을 이루는 북청군은 개화파가 심혈을 기울여 기른 신식 군대로, 청나라 군대와 맞먹는 잘 훈련된 최정예 부대였다. 그런 친군영 군사들과 정면으로 맞붙으면, 이긴다는 보장이 없었다. 설령 이긴다 하더라도 청나라 쪽 피해도 만만치 않을 터였다.

청나라는 한 해 전에 민씨 일족을 움직여 광주군과 북청군을 친군영으로 끌어들였다. 그리고 하급 지휘관 가운데 일부를 공들여 매수해 놓았다.

하급 지휘관들은 직업 군인이었다. 박영효와 윤웅렬 등 개화파가 공들여 정치 의식을 심어 주었다 한들 그 기간이 얼마 되지 않았다. 하급 군인들에게 개화와 개혁을 위해 목숨을 바치라는 건 무리한 요구일지 몰랐다. 청나라는 그런 빈틈을 엄청난 선물과 돈으로 파고든 것이다.

청나라 군대는 매수해 놓은 전영과 후영의 하급 지휘관들을 동원했다. 그리고 작전이 시작되는 오후 2시에 맞춰, 친군영 군사들에게 소총을 분해하여 소제하도록 명령을 내렸다.

드디어 오후 2시, 위안스카이가 이끄는 청나라 군사 800여 명이 선인문으로 돌격했다. 남은 청나라 군사 500여 명은 북문 쪽으로 돌아서 삽시간에 금원을 포위했다. 소총을 분해하여 소제 중이던 친군영 군사들은 재물에 눈이 멀어 청나라에 붙은 하급 지휘관들의 회유에 넘어가 항복했다. 몇몇 군사들은 구식 화승총을 들고 청나라 군사들에 맞섰지만 당해 낼 도리가 없었다. 청나라 군대는 빠르게 창덕궁을 장악해 나갔다.

청나라 군사들이 물밀 듯이 밀려들었다. 김옥균과 개화파 인사들은 고종의 침전으로 뛰었다. 하지만 침전은 이미 텅 비어 있었다. 사방을 둘러보니, 고종을 태운 어가 행렬이 멀리 연경당 쪽으로 가고 있는 게 보였다. 김옥균과 동지들은 다케조에 공사, 일본 공사관 수비병들과 함께 어가 행

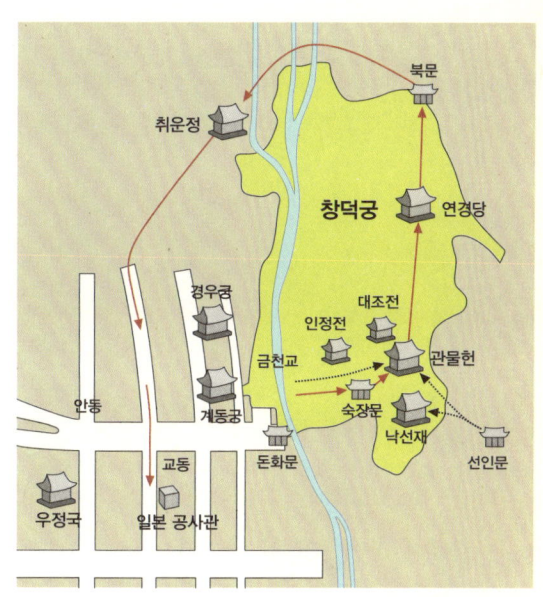

갑신정변을 일으킨 지 3일째 되던 1884년 12월 6일, 청나라 군대가 창덕궁으로 밀어닥치자, 김옥균과 개화파는 뒷날을 기약할 수밖에 없었다. 붉은 화살표는 개화파의 이동 경로이고, 검은 화살표는 청나라 군사의 진입 경로이다.

렬을 쫓았다.

어가 행렬이 잠시 연경당에 머물렀다. 김옥균은 어가 행렬로 다가갔다. 김옥균의 얼굴이 순식간에 일그러졌다. 어가 행렬을 지휘하던 심상훈이 비웃음을 날리고 있었다.

김옥균은 고종에게 다가가 무릎을 꿇고 아뢰었다.

"주상 전하, 아뢰옵기 송구하오나 잠시 인천으로 몸을 피하소서. 세를 다시 키우고 여러 나라의 도움을 받는다면, 곧 청나라 군대를 몰아내고 새 조선을 여실 수 있사옵니다."

고종이 얼굴을 굳히며 말했다.

"과인이 어찌 종묘와 사직을 버릴 수 있단 말인가. 과인은 죽는 한이 있더라도 인천으로는 가지 않겠다."

심상훈이 비웃으며 말을 건넸다.

"대왕대비와 왕대비, 왕비, 세자, 세자빈께서는 이미 안전하게 북묘로 몸을 피하셨소. 주상 전하께서도 북묘로 가실 뜻을 굳혔으니 헛수고 마시오."

김옥균은 어떻게 해서 거사가 틀어지게 되었는지 비로소 알게 되었다. 평생을 꿈꿔 온 개화와 개혁이 물거품이 되어 사라지고 있었다. 지난 일들이 주마등처럼 눈앞을 스쳐 지나갔다.

모든 게 허망했다.

다케조에 공사가 김옥균에게 말했다.

"일이 이리된 이상 우리끼리라도 인천으로 가야겠소."

"그럴 수는 없소. 아니 되오. 주상 전하와 함께 가지 못하면, 우린 모두 역당으로 몰리게 되오."

김옥균은 눈앞이 뿌유스름해지면서 다리 힘이 점점 풀렸다.

"가지 않겠다고 버티는 왕을 강제로 끌고 갈 수는 없지 않소. 조선 국왕이 한양에 있으면 청나라 군사도 더 이상 뒤쫓지 않을 거요."

일본 공사관 수비병을 지휘하던 중대장 무라카미가 나섰다.

"우리 일본군은 청나라 군사보다 열 배는 강합니다. 청나라 군대가 뿔뿔이 흩어진 틈을 타서 반격한다면, 그들

갑신정변 실패 후, 김옥균과 서광범은 일본으로 망명했다. 오른쪽이 김옥균이다.

홍영식은 청나라 군사가 창덕궁으로 쳐들어오자, 박영교와 함께 고종을 호위했다. 일본으로 망명한 다른 개화파와 달리 끝까지 고종을 지키다 청군에게 처형당했다.

을 물리칠 수 있습니다, 각하."

다케조에는 함부로 끼어들지 말라며 무라카미를 제지했다. 다케조에가 이렇게 나오는 이상 뾰족한 수가 없었다.

김옥균과 박영효, 서광범 등 개화파 인사들은 고종에게 절을 올렸다. 김옥균은 눈물을 흘리며 하직 인사를 했다.

"주상 전하를 모시지 못하는 소신을 용서하소서."

고종이 놀란 얼굴로 물었다.

"이렇게 위급한 때에 과인을 버리고 가겠다는 것이냐."

김옥균이 대답했다.

"올바른 충성은 주상 전하를 따르다 죽는 것이 아니옵니다. 부강한 새 나라를 만들어, 주상 전하를 위대한 군주로 모시는 것이 올바른 충성이옵니다. 그러려면 힘을 더 길러야 하옵니다. 소신들은 그 길을 가려 하오니, 용서해 주옵소서."

박영효가 말을 이었다.

"다시 뵈올 그날까지 옥체 보존하옵소서, 전하."

고종을 실은 어가 행렬이 멀어져 갔다. 김옥균이 눈물을 글썽이며 말했다.

"모두 희망을 버리지 말고 후일을 도모합시다."

김옥균은 박영효, 서광범 등과 함께 다케조에 공사를 따라 일본 공사관을 거쳐 인천으로 향했다. 12월 8일, 김옥균 일행은 인천에 도착했다.

# 갑신정변 실패와 개화파

　우리 힘으로 자주 근대화를 이루어, 열강에 맞서는 강대국을 만들고자 일으킨 갑신정변은 청나라의 진압으로 삼일천하로 끝나고 말았다. 개혁을 지지할 만한 시민 계층이 성장하지 못한 점, 위로부터의 개혁이라는 점, 지나치게 일본에 의지했다는 점 등이 갑신정변의 한계로 꼽힌다. 비록 실패로 끝났지만, 우리나라 최초의 근대적 정치 개혁 운동이라는 평가를 받는 갑신정변을 일으킨 주역들, 그들은 이후 어떻게 되었을까.

### 홍영식과 박영교, 유홍기

　홍영식과 박영교는 끝까지 고종을 따르다 청나라 군사에게 살해되었다. 유홍기는 갑신정변이 실패한 12월 6일 밤, 집을 나가 행방불명이 되었다. 민씨 척족들에게 붙잡혀 재판 없이 살해된 것으로 보인다.

철종의 부마에서 개화파의 지도자로, 갑신정변 후 친일파로 변신을 거듭한 박영효이다.

### 박영효

　박영효는 일본으로 망명해 야마자키로 이름을 고쳤다. 1894년 귀국해, 김홍집 친일 내각에서 갑오개혁을 이끌었다. 1910년 국권 피탈 후, 일제가 준 후작 작위를 받았다. 그후, 일본 귀족원 의원을 지내는 등 친일 행각을 벌였다. 박영효 때문에 개화파는 친일파라는 오명을 뒤집어썼다.

### 서광범

1885년, 일본을 거쳐 미국으로 망명했다. 1892년, 미국 시민권을 얻은 후, 미국에서 생활하다 귀국해, 1895년, 갑오개혁을 이끌며 사법 제도 근대화에 앞장섰다. 1895년 12월, 주미 한국 공사로 부임했지만 이듬해 해임당했다. 폐병이 악화되어, 1897년, 미국에서 사망했다.

### 서재필과 변수, 유길준

서재필은 일본을 거쳐 서광범과 함께 미국에 망명했다. 1890년, 미국 시민권을 얻었고, 1893년 컬럼비아 의과대학을 졸업했다. 1895년 귀국, 이듬해 독립협회를 만들고 〈독립신문〉을 펴내, 밑으로부터의 개혁을 추진했다.

변수는 일본을 거쳐 1896년 1월, 미국으로 망명했다. 1891년, 메릴랜드주립농과대학을 졸업한 뒤 미국 농무성 직원으로 근무하다 기차 사고로 사망했다.

유길준은 1883년, 조선 보빙사로 미국에 갔다 덤머 고등학교에 유학했다. 1년 동안 유럽 각국을 여행한 뒤 1885년 귀국해, 1892년까지 《서유견문》을 썼다. 1910년 국권 피탈 후, 일제가 남작 작위를 주었지만 거부하였다.

### 가족들

김옥균의 양아버지 김병기는 김옥균을 양자가 아니라며 호적에서 지워 겨우 살아남았다. 하지만 친아버지 김병태는 처형당했고, 어머니 송씨와 아내, 두 누이와 남동생 김각균은 자살했다. 친가 전체가 멸문당한 것이다.

홍영식의 아버지 홍순목도 자살했다. 서재필의 부모, 형, 아내는 자살하고, 동생 재창은 처형당했으며, 두 살 난 아들은 굶어 죽었다.

## 10
# 상하이에서 스러지다

청나라 덕에 왕비 민씨와 그 일파는 다시 권력을 잡았다. 왕비와 민씨 일족은 김옥균과 개화파가 실시하려고 한 모든 개혁 정책들을 뒤집었다.

하지만 왕비와 민씨 일족은 불안했다. 김옥균과 개화파가 발표한 새로운 개혁 정책들은 엄청난 폭발력을 갖고 있었다. 청나라의 간섭에서 벗어난 자주 조선, 부국강병을 이룬 새 조선, 일체의 신분 차별을 없앤 평등 조선, 능력만 있으면 모두가 관리가 될 수 있는 공정 조선, 백성의 부담을 덜어 주는 공평 과세와 환곡 탕감 등은 그동안 백성들이 꿈꾸던 새로운 나라의 모습을

1894년, 김옥균이 상하이에서 홍종우에게 암살당하자, 조선 정부는 김옥균의 시신을 인도해 왔다. 조선 정부는 양화진에서 다시 김옥균을 대역부도 죄인이라며 머리와 팔다리를 잘라 전시했다.

모두 담고 있었다.

　개화파가 실시하려고 한 새로운 정책들을 알고, 백성들이 김옥균과 개화파를 중심으로 뭉친다면, 민씨 일족은 목숨을 부지하기 어려울 터였다. 목숨을 부지하고 계속 권세를 누리려면 김옥균과 개화파를 뿌리 뽑아야 했다.

　왕비 민씨와 척족들은 개화파를 일본에 나라를 팔아먹은, 매국노로 몰아갔다. 역모를 꾀한 역도로 몰아 개화파를 없앤다면, 이들의 영향력이 커서 개화파를 향한 백성들의 눈을 돌리기 어려웠다. 왕비 민씨와 그 일파는 있는 대로 세력을 끌어모아 개화파를 일본에 나라를 팔아먹은 매국노로 몰았다. 그리고 김옥균, 박영효, 홍영식, 서광범, 서재필을 나라를 팔아먹은, 매국 오적으로 규정했다.

　곳곳에서 매국 오적을 붙잡아 처형하라는 상소가 빗발쳤다. 민씨 일족은 상소를 빌미로 고종을 압박했다. 결국 고종은 김옥균과 개화파 동지들을 일본으로부터 인도받아 오라는 명을 내리지 않을 수 없었다.

　12월 9일에는 조병호가, 10일에는 묄렌도르프가 인천항에 정박해 있는 일본의 우편선 센사이마루호에 올랐다. 이들은 다케조에 공사를 만나 당장 김옥균과 개화파 인사들을 내놓으라며 으름장을 놓았다. 다케조에는 당장이라도 김옥균과 개화파를 넘겨주고 일본으로 가고 싶었다. 하지만 센사이마루호 선장 쓰지는 배에 오른 이상 모든 책임은 선장에게 있다며 다케조에의 요구를 묵살했다.

1884년 12월 11일, 센사이마루호는 인천항을 떠났다. 김옥균, 박영효, 서광범, 서재필, 변수, 이규환, 유혁로, 정난교, 신응희 등 개화파는 무사히 조선을 떠나 일본에 망명했다.

당시 일본의 정치 세력은 크게 둘로 갈라져 있었다. 하나는 중국과 조선의 개화, 개혁 세력과 손잡고 서양 열강에 저항해, 동양의 자존심을 지키고 함께 평화 발전을 이루자는 쪽이었다. 다른 하나는 서양 열강에 맞설 힘을 기르려면, 중국과 조선을 차지해야 한다는 쪽이었다.

두 정치 세력은 김옥균과 개화파를 바라보는 태도도 정반대였다. 한쪽은 김옥균을 조선의 자주 발전과 일본과의 평화 연합에 꼭 필요한 인물로 보았다. 다른 한쪽은 김옥균이 개화파를 반일 세력으로 끌고 갈 위험 인물로 보았다. 불행하게도 당시 일본 정부를 이끈 정치 세력은 중국과 조선을 차지하려는 쪽,

김옥균은 1894년 이홍장의 초청으로 중국을 방문했다. 이홍장은 당시 청나라 제일의 권력을 휘두르던 한족 출신 고관으로, 북양대신을 맡고 있었다.

김옥균을 위험한 인물로 보는 쪽이었다.

민씨 일족은 1885년에는 장은규를, 1886년에는 지운영을 일본에 보내 김옥균을 없애려 했다. 하지만 김옥균은 그때마다 일본인들의 도움으로 암살의 위협에서 벗어났다.

일본 정부는 지운영의 암살 미수 사건을 빌미로 김옥균을 1886년부터 1888년까지 홋카이도의 오가사와라 섬에 유배 보냈다. 김옥균은 남의 나라에서 귀양살이하는 심정을 시에 담아 벗들에게 보여 주었다.

울적이 이세산에 갇혀 있다가

하느님 뜻밖에 동풍을 보내시어

속박에서 벗어나 저자로 가는 길

오가사와라 천 리 길 하루 새에 돌아가네.

1894년 3월, 김옥균은 일본 망명 생활을 청산하고 이홍장의 초청을 받아 중국 상하이로 떠났다.

청나라 북양대신 이홍장은 몇 년 동안 김옥균을 중국으로 데려가려고 공을 들였다. 이홍장은 '조선과 청나라, 일본의 협력이 없으면 동양의 앞날이 어둡기 때문에 김옥균과 함께 손잡고 의논해 동양 백 년의 큰 계획을 짜려고 한다.'며 김옥균에게 여러 차례 친서를 보냈다.

실의에 빠져 있던 김옥균은 이홍장과의 회담을 다시 일어설 수 있는 돌파구로 삼고 싶었다. 김옥균은 후쿠자와, 고토, 이시이 등 일본인 친구들에게 자신의 뜻을 전했다. 후쿠자와가 1천 원, 고토가 2천 원을 주었다. 중국으로 갈 여비는 얼추 마련한 셈이었다. 이홍장에게 줄 선물이 필요했는데, 다행히 이시이가 가보로 내려오는 일본 칼을 주었다.

김옥균은 와다, 홍종우, 오보인과 함께 3월 27일, 상하이에 도착했다. 와다는 김옥균을 흠모해 아버지로 모시며 경호하던 일본인 청년이었고, 홍종우는 프랑스에 유학한 개화파 청년이었다. 오보인은 청국 대사관 서기로, 이홍장이 김옥균을 초청하며 붙인 통역이었다. 일행은 상하이 동화양행이라는 여관에 짐을 풀었다.

이튿날, 오보인이 잠깐 일을 보고 오겠다며 밖으로 나갔다. 방 안에서 쉬던 김옥균은 와다에게 심부름을 시켰다. 와다가 나가자 홍종우가 갑자기 품속에서 권총을 꺼내 김옥균을 쏘았다. 김옥균은 피를 흘리며 쓰러졌다.

요동치는 국제 정세와 열강의 틈바구니에서 자주 조선, 부강한 조선을 만들고자 한 김옥균, 모든 백성이 공평하게 대접받는 새로운 조선을 만들고자 한 김옥균은 결국 고종과 민씨 일족이 보낸 자객 홍종우의 흉탄에 쓰러졌다. 허망한 죽음이었다

김옥균의 죽음과 함께 자주 근대 국가를 향한 개화파의 꿈도 역사의 격랑 속으로 사라졌다. 하지만 머잖아 개화파의 꿈을 이은 동학 농민 운동과 갑오개혁으로, 우리 나라는 근대 국가를 향해 한걸음 더 나아가게 되었다.

# 연표

## 김옥균의 생애

**1851**
충청도 공주군 정안면
광정에서 태어나다.

**1853**
충청도 천안군
원대리로 이사하다.

**1856**
안동 김씨 세도 정치의
실세인 김병기의
양자로 가다.

## 1850

**1850**
청나라 홍수전이
태평천국 운동을
일으키다.

**1854**
일본이 나라의 문을 열다.

## 세계의 사건

166

**1861**
양아버지를 따라
강릉으로 가 송담
서원에서 공부하다.

**1866**
한양으로
올라오다.

**1869**
김홍집의 소개로
박규수를 만나
신학문을 배우다.

## 1860

**1862**
진주를 시작으로
전국에서 잇달아
민란이 일어나다.

**1863**
고종이 즉위해 흥선
대원군이 집권하다.

**1866**
강화도로 침입한 프랑스
군을 물리치다(병인양요).

### 김옥균의 생애

**1872**
문과에 장원 급제해 성균관 전적에 오르다.

**1877**
스승인 박규수가 죽다.

**1879**
유홍기의 지도 아래 박영효, 서광범, 서재필 등과 개화파를 만들다.

# 1870

**1871**
강화도로 침입한 미군을 물리치다(신미양요).

**1876**
일본과 병자수호조약을 맺고 나라의 문을 열다.

### 세계의 사건

**1882**
일본으로 가
후쿠자와 유키치
등을 만나다.

**1882**
수신사 박영효의 고문으로
일본에 가 이노우에
등과 협상하다.

# 1880

**1880**
수신사 김홍집이
《조선책략》을
가지고 오다.

**1881**
조사 시찰단이
일본을 견학하다.

**1882**
구식 군인들이 폭동을
일으키다(임오군란).

### 김옥균의 생애

**1882**
이노우에의 주선으로 차관 17만 원을 빌리다.

**1883**
당오전 발행, 차관 도입 등을 놓고 묄렌도르프와 논쟁하다.

**1883**
차관 300만 원을 얻으려고 일본에 갔으나 실패하다.

## 1880

### 세계의 사건

**1883**
박문국에서 〈한성순보〉를 펴내다.

170

**1884**
갑신정변을 일으키다.
청나라 군사의 개입으로
3일 만에 실패하다.

**1886**
오가사와라 섬으로
유배당하다.

**1894**
상하이에서 홍종우에게
암살당하다.

## 1890

**1884**
청나라와 프랑스가
베트남을 놓고
전쟁을 벌이다.

**1893**
에디슨이 활동
사진을 발명하다.

**1894**
동학 농민 운동, 갑오개혁,
청일 전쟁이 일어나다.

# 용어 설명

**관찰사**  각 도의 으뜸 벼슬. 종2품 벼슬로, 요즘으로 치면 도지사, 광역시장, 특별시장에 해당한다.

**구실아치**  조선 시대, 중앙과 지방 관아의 벼슬아치 밑에서 일을 보던 사람. 서리, 이서, 아전이라고 부르기도 한다.

**냥**  엽전을 세던 무게 단위. 1냥은 10돈으로, 37.5그램에 해당한다.

**문방사우**  문인들이 서재에서 쓰던 붓, 먹, 종이, 벼루 네 가지 도구. 문방사후, 문방사보라고도 하는데, 문방이란 문인들의 서재를 가리키는 말이기도 하다.

**박문국**  조선 후기에 신문과 잡지 등을 펴내고 인쇄를 맡아보던 기관. 1883년 김옥균, 서광범 등 개화파들이 설치했으며, 우리나라 최초의 신문인 〈한성순보〉를 발간했다. 갑신정변 실패 후 폐지했다가 1885년 다시 설치했다.

**별기군**  1881년에 만든 신식 군대. 나라의 문을 연 뒤 고종과 조선 정부는 군사력을 길러 나라의 힘을 키우려고 했다. 이를 눈치챈 일본은 군사 훈련을 돕겠다고 했다. 조선은 일본의 의견을 받아들여, 5군영에서 80명의 지원자를 뽑아 무위영에 배치했다. 이들을 별기군이라고 불렀는데, 일본군 소위 호리모토가 훈련을 책임졌다. 임오군란 때 해산되었다.

**병인양요**  1866년 프랑스 함대가 조선을 침공한 사건. 1866년, 흥선 대원군이 천주교 탄압 명령을 내려 프랑스 신부 9명과 신도 8천 여 명을 죽인 병인박해가 일어났다. 이때 중국으로 탈출한 리델 신부가 이 사실을 본국에 알리자 같은 해 8월, 로즈 제독이 함대를 이끌고 강화도를 침공했다. 한때 프랑스 군이 강화도를 점령했으나, 문수산성에서 한성근이 이끄는 조선군과 정족산성에서 양헌수가 이끄는 조선군의 공격을 받고 물러났다. 프랑스 군은 물러나면서 외규장각을 불사르고, 은괴 상자와 함께 외규장각에 보관된 의궤류 300책 등을 약탈해 프랑스로 가져갔다.

**보빙사**  1883년, 우리나라 최초로 서양에 파견한 외교 사절단. 조선 정부는 임오군란 후 조선의 내정에 깊이 간섭하는 청나라를 견제하려고 민영익을 정사로 삼아 미국에 사신을 보냈다. 보빙사 일행은 미국 대통령 아서를 만나 고종의 친서를 전하고, 대서양을 건너 유럽을 여행한 뒤 귀국했다.

**부사**  조선 시대 관직 이름. 조선 시대 지방 행정 단위로는 도호부, 목, 군, 현이 있었다. 도호부에는 부사, 목에는 목사, 군에는 군수, 현에는 현감을 파견해 백성을 다스렸다.

**북학파**  조선 후기 청나라의 발전한 문물을 받아들일 것을 주장한 학파. 이용후생학파라고도 한다. 청나라를 오랑캐라고 여기는 데서 벗어나, 청나라의 선진 문물을 적극 받아들여 나라를 발전시켜야 한다고 주장했다. 청나라에 다녀온 젊은 학자들이 중심을 이루었는데 박지원, 박제가, 홍대용 등이다. 청나라에서 지도와 망원경 등을 들여오고, 수레나 벽돌 등을 활용해 나라의 살림을 살찌우고, 백성들의 삶을 넉넉하게 할 것을 주장했다.

**삼정이정청** 1862년, 삼정의 문란을 견디다 못한 백성들이 전국에서 들고 일어나자, 수습 방안을 마련하고자 임시로 설치한 관청.

**서학** 16세기 이후에 조선에 들어온 서양의 학문과 문물, 종교. 좁은 의미로는 천주교만을 뜻하기도 하지만, 조선 시대에는 서양의 학문이란 뜻으로 쓰였다. 명나라에 사신으로 갔다 온 이수광이 《천주실의》 같은 서양 책을 처음으로 소개했다. 이후 청나라에 인질로 갔던 소현 세자가 천주교 교리서와 지구의 등을 들여왔으며, 18세기에는 이벽, 이가환, 정약용 같은 남인 학자들이 천주교를 신앙으로 받아들였다가 큰 탄압을 받았다. 우리나라가 근대 사회로 나아가는 데 실학과 더불어 큰 역할을 했다.

**성리학** 우주의 원리와 인간의 본성을 탐구하는 유학의 한 갈래. 송나라의 주자가 완성했으며, 하늘의 이치가 우주의 근본부터 모든 인간의 행위까지 규정한다고 보았다. 조선은 성리학을 나라의 기본 사상으로 삼아 문물 제도를 정비했다. 조선 중기 이후 서원을 중심으로 각 지방까지 성리학이 고루 퍼졌고, 백성들의 생활에도 깊이 파고들었다. 이후 이이, 이황, 서경덕 같은 학자들이 깊이 있게 연구해 성리학 이론을 더욱 발전시켰다. 조선 후기 들어서는 예와 명분에 매여 공리공론만 일삼으며 사회 변화에 적절히 대응하지 못했다. 이에 대한 반성으로 실학 사상이 나왔다.

**신미양요** 1871년, 미국 함대가 조선을 침략한 사건. 1866년 미국 상선 제너럴 셔먼호가 대동강을 거슬러 올라오다가 평양 주민에게 불태워진 사건을 빌미로, 1871년 미국 함대가 강화도를 침략했다. 초지진, 광성보 등에서 전투가 벌어졌으며, 광성보에서 어재연이 이끄는 조선 수군이 미국 함대에 맞서 용감하게 싸웠다.

**실학** 조선 후기 성리학의 지나친 이론 탐구와 예학 중시 경향을 비판하고 실천, 실용, 실증을 강조한 새로운 학문과 사상. 17세기 전반 명나라에 사신으로 갔다 온 이수광이 《지봉유설》에 서양의 지식을 소개하면서 시작되었으며, 17세기 중반 유형원이 체계화했다. 이익은 유형원의 학문을 이어받아 많은 실학자를 길러 냈는데, 정권에서 밀려난 남인 출신이 대부분이었다. 이들은 문란한 토지 문제에 깊은 관심을 가지면서 현실을 개혁하려고 하여 경세치용학파로 불린다. 한편 정권을 쥐고 있던 노론의 젊은이들 가운데 청나라에 다녀온 경험을 바탕으로 청나라와 서양의 앞선 문물을 받아들이자고 주장한 학자들이 나타났는데, 북학파였다. 박지원, 박지원, 홍대용 등이 대표 인물이다. 실학을 집대성한 정약용은 유배지에서 겪은 경험을 바탕으로 정치, 경제, 사회 각 분야에 걸쳐 개혁 사상을 폈으며, 이를 《여유당전서》 500여 권에 담아냈다.

**아편 전쟁** 1840년~1842년에 청나라와 영국 사이에 아편 문제를 둘러싸고 벌인 전쟁. 18세기 말, 영국 정부가 차에 대한 관세를 내리면서 중국 차(홍차)에 대한 수입이 급증했고, 영국은 인도산 목화와 아편을 수출해 차를 사는 돈을 마련했다. 중국인의 기호에 맞게 정제한 아편은 인기가 좋아 밀수입하는 양이 해마다 엄청 늘었고, 아편 중독 환자도 따라서 늘었다. 위기를 느낀 청나라는 아편 금지령을 내렸으나 소용이 없었다. 특히 관청과 군대 안의 아편 중독은 심각한 사회 문제를 불러 일으켰다. 급기야 청나라는 무력을 써서 영국 상인이 가진 아편을 몰수해 불태웠고, 이에 맞서 영국이 함대를 끌고 쳐들어왔다. 아편 전쟁에서 청나라는 크게 패해, 청나라에 불리한 난징 조약을 맺었다. 이후 청나라는 서구 열강과 차례로 통상 조약을 체결하고 나라의 문을 열었다.

**알성시** 조선 시대에 실시한 비정규 과거 시험. 임금이 문묘에 가서 제례를 올릴

때 성균관 유생들에게 시험을 치르게 하여, 그 중 성적이 우수한 자들을 뽑았다. 문과와 무과만 보았으며, 임금이 친히 시험장에 나와 지켜보았다.

**양무운동** 19세기 후반, 청나라에서 벌인 근대화 운동. '양무'란 다른 나라와의 외교 교섭에 관한 업무를 뜻하는데, 넓게는 서양의 문물과 기술을 받아들인다는 의미로 쓰였다. 1861년~1894년까지 서양의 앞선 문물을 받아들여 부국강병을 이루려 한 자강 운동으로, 지배 체제를 안정시키고 사회 전반에 걸쳐 근대적인 변화를 가져왔다.

**위정척사** 1860년대 이후, 성리학적 질서와 지배 체제를 강화해, 제국주의 침략에 맞서려 한 반침략, 반외세 사상 및 운동. 1866년 병인양요 때, 이항로는 열강의 침투에 맞서 싸울 것을 주장했고, 1876년 최익현은 일본은 서양과 똑같다며 일본과의 통상을 강하게 반대했다. 1880년, 수신사 김홍집이 《조선책략》을 갖고 와 개화의 필요성을 주장하자, 유생들은 〈영남 만인소〉를 올리는 등 개화 정책을 비판하며 위정척사 운동을 격렬하게 벌였다. 위정척사 운동은 제국주의의 문제점을 비교적 정확히 파악하고 외세의 침략에 맞선 애국 운동이었다. 하지만 전통적인 신분 질서와 성리학적 질서을 지키고자 한 점은 근대 사회를 여는 데 걸림돌이 되기도 했다. 1890년대 이후 항일 의병으로 이어졌다.

**유길준** 조선 후기의 문신, 개화 운동가. 1870년경부터 박규수에게 개화 사상을 배웠다. 1881년, 일본 유학을 가 서양 학문을 공부했고 1883년, 우리나라 최초로 미국 유학생이 되었다. 1885년, 유럽 여러 나라를 여행한 후 귀국해 1892년까지 《서유견문》을 썼다. 1894년, 갑오개혁을 이끌었다.

**유수** 조선 시대의 지방관. 개성, 강화, 광주, 수원 등에 두었는데, 품계는 정2품,

또는 종2품이고, 정원은 각각 2명이었다.

**유학**   공자가 창시한 사상. 유교라고도 한다. 인을 최고 가치로 삼아 스스로를 닦고(수신), 집안을 다스린(제가) 후 나라를 다스리면(치국), 태평성대를 이룰 수 있다(평천하)고 본 윤리학이자 정치학이다. 중국 한나라 때 국교로 자리잡았으며, 우리나라에는 삼국 시대 들어온 것으로 보인다. 고려를 거쳐 조선 시대에 활짝 꽃피었다.

**이기론**   이와 기의 원리를 통해 우주 만물의 존재와 운동을 설명하는 성리학 이론. 성리학에서는 기가 모이면 만물이 생성하고 기가 흩어지면 만물이 소멸한다고 보았다. 이렇듯 기는 만물을 구성하는 근본 요소이다. 그런데 기는 멋대로 모이거나 흩어지는 게 아니다. 기가 멋대로 모이고 흩어진다면 우주는 무질서한 혼돈 상태일 것이다. 우주가 질서 정연한 까닭은 기에게 방향을 알리고 명령을 내리는 무언가가 있기 때문이다. 이것을 이라고 한다. 결국 이는 만물에 깃든 근본 원리이자 기의 움직음을 통제하는 법칙이다.

**임오군란**   1882년, 구식 군대 군인들이 신식 군대인 별기군과의 차별 대우와 밀린 급료에 불만을 품고 일으킨 봉기. 임오군란을 계기로 흥선 대원군이 다시 정권을 잡고 사태를 수습하려 했으나, 왕비 민씨의 요청으로 조선에 들어온 청나라 군대의 개입으로 실패했다. 이후 조선은 청나라의 내정 간섭에 시달렸다.

**제국주의**   우월한 군사력과 경제력으로 다른 나라나 민족을 정벌하여 대국가를 건설하려는 침략주의적 경향. 유럽 각국과 미국 등이 자기 나라 산업 발전에 필요한 식량과 원료, 상품 시장을 얻기 위해 1800년대 중반부터 아시아와 아프리카 여러 나라들을 침략하면서 이런 경향이 두드러졌다.

**제물포 조약**   1882년, 임오군란 후 발생한 문제를 처리하기 위해 조선과 일본이 맺은 조약. 일본이 임오군란으로 입은 피해를 보상받고, 청나라에 빼앗긴 주도권을 되찾으려고 조선을 위협해 반강제로 체결했다. 조약 체결 후 조선은 군란 주모자들을 처형했으며, 배상금 55만 원 중 15만 원을 미리 지급했다. 일본은 공사관 경비를 빌미로 1개 대대 병력을 조선에 파견했다.

**종친** 임금의 아버지 쪽 친척을 이르는 말. 조선 시대에는 적자 자손은 4대손까지, 서자의 자손은 3대손까지 종친으로 대우하여 군으로 봉했다.

**호락 논쟁** 조선 후기에 이간과 한원진이 벌인 논쟁. 이간은 인간의 본성과 만물의 본성이 같다고 주장했고, 한원진은 다르다고 주장했다. 이간의 주장을 따르는 사람들이 대부분 서울에 살아서 낙론, 한원진의 주장을 따르는 사람들이 대부분 충청도에서 살아서 호론이라고 부른 데서 호락 논쟁이라는 이름이 붙었다.

**홍종우** 조선 후기의 정치가. 한국인 최초로 프랑스에 유학해 법률을 공부했다. 유학 중 한복 차림으로 다녀 프랑스 신문에 실리기도 했으며, 《춘향전》, 《심청전》을 프랑스어로 번역해 조선 문화를 처음으로 유럽에 알렸다. 유교적 전통과 왕의 권위를 중요하게 여겼고, 애국심이 남달랐다. 1893년 귀국 중 일본에 들렀을 때, 갑신정변 실패 후 일본에 머물던 김옥균, 박영효를 암살하러 온 이일직을 만나 사주를 받고 김옥균에게 접근했다. 이듬해 상하이로 떠나는 김옥균을 따라가서 암살했다. 귀국 후 과거를 치러 홍문관 부수찬, 사헌부 헌납 등 요직을 두루 거치며 고종의 총애를 받았다. 황국 협회를 만들어 독립 협회의 활동을 방해했다.

# 찾아보기

## ㄱ

《갑신일록》 143, 145

갑신정변 7, 86, 115, 122, 127, 131, 140~143, 145, 149, 151, 153, 156

강화도 조약 68, 100

개화파 9, 53, 62~63, 65, 69~73, 75, 84, 103~104, 108, 110, 114, 116, 121~123, 125, 127~129, 131, 140~143, 145~146, 148~151, 154, 156, 159~161, 163, 165

고종 7, 9, 19, 41, 44~45, 54, 60~61, 65~67, 69, 74~76, 78~79, 81, 94~95, 103, 107~108, 114~115, 117, 122~123, 129, 131, 134~135, 138~142, 145~149, 151~152, 154~156, 160, 165

구로다 65, 67

군정 35~36

김기수 69, 71

김병기 11~12, 16~21, 24~25, 27, 29~33, 35, 37~39, 41~48, 53, 58, 157

김병태 11~12, 14~21, 23, 123~124, 157

김윤식 62, 71, 76, 92, 142

김좌근 12, 16, 24~25, 38, 44, 55

김홍집 23, 26~27, 48~49, 51, 53~56, 58, 62, 71~75, 135, 142, 156

## ㄷ

다케조에 9, 115~117, 132~133, 135, 147, 151, 153~155, 161

당오전 112~114, 123

〈독립신문〉 115, 157

독립 협회 115, 129, 157

## ㅁ

마건상 96~97, 100, 112

마건충 92~93, 96

명성 황후 122

묄렌도르프 96~97, 100, 112~113, 117~118, 135, 160

민비 92, 95~96, 100, 107, 149

민영목 104, 112, 117, 121, 141~143

민영익 104, 112, 114, 121, 135~136, 142

민응식 92, 104, 112, 142

민태호 104, 108, 112, 114, 117, 121, 136, 141~142

## ㅂ

박규수 34, 53, 55~63, 66~67, 70

박문국 103, 108, 110, 121

박영교 7~8, 53, 58, 62, 71, 143, 147, 154, 156

박영효 7~8, 53, 55, 58, 62, 71, 92, 104~110, 121, 130, 135, 138~140, 142, 146~148, 150, 154~156, 160~161

박정양 62, 71, 76

변수 104, 157, 161

별기군 78, 122

병인양요 54

병자수호조약 19, 67~68, 72, 86

보빙사 104, 157

북학파 34, 56

## ㅅ

삼정 34~35

서광범 7, 53, 55, 58, 62, 71, 92, 103~104, 109, 115, 131~132, 135, 138~140, 142, 146, 153~155, 157, 160~161

서재필 7, 71, 109, 114~115, 131, 140~141, 143, 157, 160~161

서학 23, 27

성리학 23, 27, 31~32

세도 정치 12~13, 15, 25, 27, 30, 36, 41, 44, 55, 131

송담 서원 27, 31~33, 53

송시열 14~15

수신사 69, 71~73, 103~107

《수신사일기》 69, 72

신미양요 54

신식 군대 69, 78~79, 99, 110, 150

신헌 65~67

심상훈 8, 146, 148~149, 152

## ㅇ

아편 전쟁 98

애스턴 134~135, 143

양무운동 60

어윤중 62, 71, 76, 129

〈영남 만인소〉 75

영선사 76, 92

《영환지략》 49, 51, 53

오경석 53, 59, 62~63, 70

우정국 127, 135~136, 138

유길준 62, 71, 157

유홍기 53, 59~60, 62~63, 70~71, 156

윤웅렬 110, 121~122, 129, 142, 150

윤치호 62, 71, 110, 122, 129, 131, 135

위안스카이 148~149, 151

위정척사파 73, 76

이노우에 가오루 86, 104, 129

이동인 65, 72, 78, 83~84

이만손 74~75

이토 히로부미 119

이홍장 99, 128, 162~163

임술 농민 봉기 34

임오군란 83, 91~93, 96, 99~100, 109, 122, 133

## ㅈ

전정 35~36

제너럴 셔먼호 56

제물포 조약 103~104

조사 시찰단 76, 78~79, 129

《조선책략》 73~75

조청상민수륙무역장정 97, 100

진주 민란 34

## ㅊ

최익현 60~61

친군영 121, 125, 130~131, 135~136, 138, 141, 147~148, 150~151

## ㅍ

푸트 106, 129, 134~135, 143

## ㅎ

하나부사 83, 90~91, 116, 122

〈한성순보〉 103, 121

《해국도지》 49, 51, 53

홍영식 7~8, 53, 58, 62, 71, 76, 95, 104, 109, 127, 131, 134~135, 142, 154, 156~157, 160

홍종우 159, 163, 165

환곡 34~38, 144, 159

후쿠자와 유키치 84~86

흥선 대원군 13, 19, 41, 44~45, 54~55, 60~61, 90~94, 149